中华经典藏书

大学
中庸

王国轩 译注

中华书局

图书在版编目(CIP)数据

大学·中庸/王国轩译注. —北京:中华书局,2016.1(2023.8重印)

(中华经典藏书)
ISBN 978-7-101-11350-1

Ⅰ.大… Ⅱ.王… Ⅲ.①儒家②《大学》-译文③《中庸》-译文 Ⅳ.B222.1

中国版本图书馆 CIP 数据核字(2015)第 264476 号

书　　名	大学·中庸
译 注 者	王国轩
丛 书 名	中华经典藏书
责任编辑	王水涣
责任印制	陈丽娜
出版发行	中华书局
	(北京市丰台区太平桥西里38号　100073)
	http://www.zhbc.com.cn
	E-mail:zhbc@zhbc.com.cn
印　　刷	三河市博文印刷有限公司
版　　次	2016年1月第1版
	2023年8月第12次印刷
规　　格	开本/880×1230毫米　1/32
	印张5　插页2　字数100千字
印　　数	440001-460000册
国际书号	ISBN 978-7-101-11350-1
定　　价	12.00元

目 录

大 学

前 言 …………………………………………… 3
第一章 ………………………………………… 5
第二章 ………………………………………… 10
第三章 ………………………………………… 12
第四章 ………………………………………… 14
第五章 ………………………………………… 19
第六章 ………………………………………… 21
第七章 ………………………………………… 23
第八章 ………………………………………… 26
第九章 ………………………………………… 28
第十章 ………………………………………… 30
第十一章 ……………………………………… 35
附录 朱熹《大学章句序》………………… 44

中 庸

前 言 …………………………………………… 51
第一章 ………………………………………… 55
第二章 ………………………………………… 58
第三章 ………………………………………… 60
第四章 ………………………………………… 62
第五章 ………………………………………… 64
第六章 ………………………………………… 66
第七章 ………………………………………… 68

第八章 ……………………………………………… 70

第九章 ……………………………………………… 72

第十章 ……………………………………………… 74

第十一章 …………………………………………… 77

第十二章 …………………………………………… 79

第十三章 …………………………………………… 82

第十四章 …………………………………………… 85

第十五章 …………………………………………… 88

第十六章 …………………………………………… 90

第十七章 …………………………………………… 93

第十八章 …………………………………………… 96

第十九章 …………………………………………… 99

第二十章 …………………………………………… 102

第二十一章 ………………………………………… 113

第二十二章 ………………………………………… 115

第二十三章 ………………………………………… 117

第二十四章 ………………………………………… 119

第二十五章 ………………………………………… 121

第二十六章 ………………………………………… 123

第二十七章 ………………………………………… 127

第二十八章 ………………………………………… 131

第二十九章 ………………………………………… 134

第三十章 …………………………………………… 138

第三十一章 ………………………………………… 140

第三十二章 ………………………………………… 143

第三十三章 ………………………………………… 145

附录　朱熹《中庸章句序》……………………… 150

大 学

前　言

　　《大学》是中国古代典籍名篇之一，原是《礼记》中的一篇，在唐代以前并没引起人们的特别关注。至唐代，韩愈等引用《大学》，开始为人所注目。到宋代，理学创始人程颢、程颐非常重视《大学》，称之为："孔氏之遗书，而初学入德之门也。"南宋理学集大成者朱熹说："天运循环，无往不复。宋德隆盛，治教休明。于是河南程氏两夫子出，而有以接乎孟氏之传。实始尊信此篇而表章之，既又为之次其简编，发其归趣，然后古者大学教人之法、圣经贤传之指，粲然复明于世。"后来朱熹又在二程基础上，重新别为次序，分经一章，传十章，并认为格物致知章已缺失，作了著名的《补传》。朱熹对大学的解释，是一种重新阐释，换言之，是从理学角度的新解。充分体现了心性之学，使《大学》升华为哲学。从此理学不仅接续道统之传，还有了自己的规模和节次。

　　朱熹说：《大学》是"外有以极其规模之大，而内有以尽其节目之详者也"。规模："明明德"、"新民"、"止于至善"，朱熹称之为"三纲领"；节目：格物、致知、诚意、正心、修身、齐家、治国、平天下，朱熹称之为"八条目"。朱熹认为"古人为学次第者，独赖此篇之存"。一个"独"字，充分说明了本篇文献的重要性。由于朱熹把《大学》纳入《四书集注》之中，宋理宗时，理学名臣真德秀更作《大学衍义》，向皇帝进讲《大学》，《大学》成了政治读物。到元代文化转型期，《四书集注》成为各级学校必读书，士子求取功名利禄的考试书，整整五百九十二年，读书人昼夜攻读，不仅《大学》本文烂熟于心，就是章句也牢牢铭记。

但不是人人都固守朱注,反对朱注者也不乏其人。如明代王阳明就不赞成朱熹改正《大学》,而是持守古本,不是像朱熹那样突出格物穷理,而是注重诚意。王学在明代中后期成为学术界主导思潮,王门弟子遍布大江南北。但朱学也不乏传人,科举仍以《四书章句集注》为圭臬,因此,王学仍为民间之学。

清代考证学兴起,许多人摆脱理学,崇尚汉学,对"四书"有许多新解,更倾向古籍本义,但《大学》,特别是《中庸》,朱注还无法被取代。

到近代,孙中山先生表彰《大学》。他赞赏《大学》中的格物、致知、诚意、正心,修身、齐家、治国、平天下的修养目标和修养方法,认为这些都是"应该要保存"的中国的"独有宝贝"。以《大学》为规模和节次的中华文明的影响,由此可见一斑。

关于《大学》的作者,《礼记》并无说明,朱熹认为首章"经"是"孔子之言,而曾子述之","其传十章,则曾子之意,而门人记之"。朱熹认为《大学》大体为曾子思想,但此书可能为曾子后学所写定。

曾子(前505—前435)名参,字子舆,孔子著名弟子,春秋鲁国南武城人。其事迹及言论见于《论语》。《汉书·艺文志》著录《曾子》十八篇,已遗失。《大戴礼记》中有《曾子》十篇,但无《大学》。

关于本书整理形式,可参见《中庸译注》前言。

王国轩

2015年10月

第一章

　　此章朱本称"经一章"。明明德、新民、止于至善,就是朱熹所说的"三纲领"。格物、致知、诚意、正心、修身、齐家、治国、平天下就是朱熹所说的"八条目"。以上被朱熹称为"经"。《大学》的特点是有纲领有条目,有规模有节次。纲领引领全文,条目是细化的具体内容。纲举而目张,有很强的可操作性。规模是个大间架,好像一座大房子,节次就像里面的许多房间。进入房子必须有门,依次而入,不能超越。大的方向是焕发整个社会注重弘扬光明正大的德行,使人们弃恶从善,人人都达到完美的境界。所以要从自己开始,格物穷理,正心诚意,修身齐家,最后达到治国平天下的目的。

大学之道①,在明明德②,在亲民③,在止于至善④。知止而后有定⑤,定而后能静,静而后能安,安而后能虑,虑而后能得⑥。物有本末⑦,事有终始。知所先后,则近道矣。

【注释】

①大学:相对于小学而言的"大人之学"。古代八岁入小学,学习"洒扫应对进退、礼乐射御书数"等文化基础知识和礼节;十五岁入大学,学习"穷理正心,修己治人"的学问。

②明明德:前一个"明"字作使动词用,即"使彰明",也就是发扬、弘扬的意思;后一个"明"字是形容词,明德,即光明正大的德性。

③亲民:程颐说"亲"当作"新",即革新、自新。新民,使人弃旧图新、去恶从善。

④至善:最完善的境界。

⑤知止:知道目的地。

⑥定、静、安、虑、得:讲了心里自我认识、完善的过程,是儒家心性修养的重要途径,后人对此讨论很多。

⑦本末:本是根,末是梢,即根本与枝末。这是古代重要的哲学概念。

【译文】

大学的宗旨,在于弘扬光明正大的品德,在于使人弃旧向新,在于使人的道德达到最完善的境界。知道应达到的境界才能够志向坚定,志向坚定才能够沉静,沉静才能够心神安定,心神安定才能够思虑详审,思虑详审才能够有所收获。每样东西都有根本有枝末,每件事情都有开始有终结。知道了这本末始终的程序,就接近事物发展的规律了。

古之欲明明德于天下者,先治其国;欲治其国者,先齐其家①;欲齐其家者,先修其身②;欲修其身者,先正其心;欲正其心者,先诚其意;欲诚其意者,先致其知③;致知在格物④。

【注释】
①齐其家:治理好自己的家庭或家族。
②修其身:修养自身的品性。
③致其知:使自己获得知识。
④格物:认识、研究万事万物的道理。

【译文】
古代那些想要在天下弘扬光明正大品德的人,先要治理好自己的国家;想要治理好自己的国家,先要管理好自己的家庭和家族;想要管理好自己的家庭和家族,先要修养自身的品性;想要修养自身的品性,先要端正自己的心思;想要端正自己的心思,先要使自己的意念真诚;想要使自己的意念真诚,先要使自己获得知识;获得知识的途径在于认识、研究万事万物的道理。

物格而后知至，知至而后意诚，意诚而后心正，心正而后身修，身修而后家齐，家齐而后国治，国治而后天下平。

【译文】
通过对万事万物道理的认识、研究后，才能获得知识；获得知识后，意念才能真诚；意念真诚后，心思才能端正；心思端正后，才能修养品性；品性修养后，才能管理好家庭和家族；管理好家庭和家族后，才能治理好国家；治理好国家后，天下才能太平。

自天子以至于庶人①，壹是皆以修身为本②。其本乱，而末治者否矣。其所厚者薄，而其所薄者厚③，未之有也④。

【注释】
①庶人：指平民百姓。
②壹是：都是。本：根本。
③其所厚者薄：当重视的不重视。薄者厚：不该重视的反加以重视。
④未之有也：即"未有之也"，没有这样的道理。

【译文】
上自一国君主，下至平民百姓，人人都要以修养品性为根本。若这个根本被扰乱了，家庭、家族、国家、天下要治理好是不可能的。如果不分先后、轻重、缓急，本末倒置，将应该重视的事情忽略了，应忽略的事情却重视起来，想要达到治国、平天下的目的，这也是从来没有的事。

第二章

　　本章朱本称"传之首章，释明明德"。此章以下均被朱熹称为"传"。旧本此段文字在《诚意章》"此以没世不忘"句下，程颐、朱熹等移于此，和"明明德"正好相对应，很有道理。以上就是朱熹所说的"杂引经传"来说明"明明德"。

《康诰》曰①:"克明德②。"《大甲》曰③:"顾諟天之明命④。"《帝典》曰⑤:"克明峻德⑥。"皆自明也⑦。

【注释】

①《康诰》:《尚书·周书》中的一篇。
②克:能够。
③《大甲》:即《太甲》,《尚书·商书》中的一篇。
④顾:顾念。諟(shì):是。明命:光明的德性。
⑤《帝典》:即《尧典》,《尚书·虞书》中的一篇。
⑥克明峻德:原句为"克明俊德"。俊与"峻"通,大,崇高。
⑦皆:都。

【译文】

《尚书·康诰》说:"能够弘扬光明的品德。"《尚书·太甲》说:"顾念上天赋予的光明德性。"《尚书·尧典》说:"能够弘扬崇高的品德。"这些话都是说要自己弘扬光明的品德。

第三章

朱本称此章为"传之二章",此章旧本在《诚意章》"皆自明也"下。也是"杂引经传"说明"新民",就是要焕发君王和民众的道德精神。

汤之《盘铭》曰^①："苟日新^②，日日新，又日新。"《康诰》曰："作新民^③。"《诗》曰^④："周虽旧邦^⑤，其命惟新^⑥。"是故君子无所不用其极^⑦。

【注释】

①汤：即成汤，商朝的开国君主。盘铭：刻在器皿上用来警戒自己的箴言。盘，这里指商汤的洗澡用具。

②苟：如果。新：本义是指沐浴除去身体上的污垢，使身体焕然一新。引申义则是指心理道德上焕发新的面貌。

③作：振作，激励。新民：可证前面说的"亲民"当作为"新民"说。意思就是使人去旧从新，振作自新。

④《诗》曰：此指《诗经·大雅·文王》。

⑤周：周朝。旧邦：旧国。

⑥其命：指周朝所禀受的天命。惟新：革新。

⑦是故：所以。君子：品德高尚的人。无所不用其极：这里是指道德的高度自我完善。

【译文】

成汤刻在澡盆上的箴言说："如果能够做到一天新，就应保持天天新，新了还要更新。"《尚书·康诰》说："激励人们焕发新的风貌。"《诗经·大雅·文王》说："周朝虽然是旧的国家，但却禀受了新的天命。"所以，有品德的人无时不追求最完善的道德境界。

第四章

朱本称此章为"传之三章,释止于至善"。旧本"《诗》云邦畿千里"至"与国人交止于信"一段,在"是故君子无所不用其极"后。"《诗》云瞻彼淇澳"至"此以没世不忘也"一段,在"故君子必诚其意"后。这是引经传和孔子话说明"止于至善"。从物各有当止之处,到人当有当止之处,再到圣人当止之处,所有当止之处,都应是至善。具体说来,从三个方面指出相互责任关系:即君要仁,要有仁爱之心;而臣相对应的是敬,尊重和严肃;父的品德要求是慈,要有慈爱之心;而儿子对应的是孝,对父母孝顺;民众彼此要讲求信,做到彼此诚信。这些品德都需要学习、自修、振作、发扬、磨砺,通过这些功夫,达到盛德至善的境界,使整个社会各得其所。

《诗》云①："邦畿千里②，惟民所止③。"《诗》云④："缗蛮黄鸟⑤，止于丘隅⑥。"子曰："于止⑦，知其所止，可以人而不如鸟乎⑧！"《诗》云⑨："穆穆文王⑩，於缉熙敬止⑪！"为人君，止于仁；为人臣，止于敬；为人子，止于孝；为人父，止于慈；与国人交，止于信。

【注释】

①《诗》云：此指《诗经·商颂·玄鸟》。
②邦畿（jī）：古代天子都城及其周围的郊区。
③止：居住的地方。
④《诗》云：此指《诗经·小雅·绵蛮》。
⑤缗（mín）蛮：即绵蛮，鸟鸣声。
⑥止：栖息。丘隅：山丘的一个角落。
⑦于止：对于居住的地方。
⑧可以：何以，为什么。
⑨《诗》云：此指《诗经·大雅·文王》。
⑩穆穆：形容文王仪表深沉端庄，道德深远的样子。
⑪於（wū）：叹美词。缉：继续。熙：光明。敬止：朱熹解为："言其无不敬而安所止也。"

【译文】

《诗经·商颂·玄鸟》说："天子的都城方圆千里，都是老百姓居住的地方。"《诗经·小雅·绵蛮》说："绵绵蛮蛮叫着的黄鸟，栖息在山丘的一角。"孔子说："就居止的地方来说，连黄鸟都知道它该栖息在什么地方，怎么人却不如鸟儿呢？"《诗经·大雅·文王》说："深沉端庄、道德高尚的文王啊，不断地发扬他的光明美德，做事始终庄重谨慎。"做国君的，要做到仁爱；做臣子的，要做到恭敬；做子女的，要做到孝顺；做父亲的，要做到慈爱；与他人交往，要做到讲信用。

《诗》云①："瞻彼淇澳②，菉竹猗猗③。有斐君子④，如切如磋⑤，如琢如磨⑥。瑟兮僩兮⑦，赫兮喧兮⑧。有斐君子，终不可谖兮⑨！"如切如磋者，道学也⑩；如琢如磨者，自修也；瑟兮僩兮者，恂慄也⑪；赫兮喧兮者，威仪也；有斐君子，终不可谖兮者，道盛德至善，民之不能忘也。

【注释】

①《诗》云：此指《诗经·卫风·淇澳》。
②淇：指淇水，在今河南北部。澳（yù）：水边。
③菉：通"绿"。猗猗（yī）：美丽茂盛的样子。
④斐：文质彬彬的样子。
⑤如切如磋：如同对骨角进行切割磋光一样。
⑥如琢如磨：如同对玉石进行雕琢打磨一样。
⑦瑟兮僩（xiàn）兮：严谨宽大的样子。瑟，严谨。僩，宽大。
⑧赫兮喧兮：光明煊赫的样子。
⑨谖（xuān）：忘记。
⑩道：说，言。

⑪恂慄（xúnlì）：戒惧的样子。

【译文】

《诗经·卫风·淇澳》说："看那淇水弯弯的岸边，嫩绿的竹子郁郁葱葱。有一位文质彬彬的君子，研究学问如加工骨器，不断切磋；修炼自己如打磨美玉，反复琢磨。他是那样严谨，胸怀宽大，是那样的光明煊赫。这样一个文质彬彬的君子，真是令人难以忘怀啊！"这里所说的"如加工骨器，不断切磋"，是指做学问的态度；这里所说的"如打磨美玉，反复琢磨"，是指自我修炼的精神；说他"严谨宽大"，是指他内心谨慎而有所戒惧；说他"光明煊赫"，是指他仪表堂堂；说"这样一个文质彬彬的君子，真是令人难以忘怀啊"，是指他品德非常高尚，达到了最完善的境界，所以使人难以忘怀。

《诗》云①："於戏②！前王不忘③。"君子贤其贤而亲其亲，小人乐其乐而利其利，此以没世不忘也④。

【注释】

①《诗》云：此指《诗经·周颂·烈文》。
②於戏（wūhū）：同"呜呼"，叹词。
③前王：指周文王、周武王。
④此以：因此。没世：去世。

【译文】

《诗经·周颂·烈文》说："啊，前代的君王真使人难忘啊!"这是因为君子们能够以前代的君王为榜样,尊重贤人,亲近亲人,一般平民百姓也都蒙受恩泽,享受安乐,获得利益。所以,虽然前代君王已经去世,但人们还是永远不会忘记他们。

第五章

朱本称此章为"传之五章,释知本"。旧本在"止于信"下,朱熹移于此。此章征引孔子的话,说明要知道只要我有光明正大的德行,自然民心就会畏服,故狱讼不待听断,自然就没了。看这句话,就知道本末先后次序了。

子曰①:"听讼②,吾犹人也③,必也使无讼乎!"无情者不得尽其辞④。大畏民志⑤,此谓知本⑥。

【注释】
①子曰:子指孔子。这段话见《论语·颜渊》。
②听讼:听诉讼,审案。
③犹人:同别人一样。犹,如同。
④情:实。不得尽其辞:不能够巧言辩说。
⑤民志:民心,人心。
⑥知本:知道本末次序。

【译文】
孔子说:"审理案子,我也和别人有一样的想法,一定要让人们不再争讼。"圣人使隐瞒真实情况的人不敢狡辩。使人心畏服,这就是知道根本。

第六章

朱熹称此章为"传之五章,释格物致知之义"。因阙失作补传。补传反映了朱熹的完整认识论。朱熹讲的理,包括物理,但主要内涵是仁义礼智四德。"明德"的内涵也是此四德。这同《大学》本意已有不同。《大学》更强调认识外部事物,而朱熹更是要焕发内心固有的道德意识。

（此谓知本①。）

〔所谓致知在格物者，言欲致吾之知，在即物而穷其理也。盖人心之灵莫不有知，而天下之物莫不有理，惟于理有未穷，故其知有不尽也。是以《大学》始教，必使学者即凡天下之物，莫不因其已知之理而益穷之，以求至乎其极。至于用力之久，而一旦豁然贯通焉，则众物之表里精粗无不到，而吾心之全体大用无不明矣。此谓物格②。〕此谓知之至也。

【注释】

① 此谓知本：程颐、朱熹都认为此句是衍文。与上句重复，当删。
② "所谓致知在格物者"至"此谓物格"为朱熹取程颐之意所作的补传。

【译文】

所说的要想获得知识，就必须认识、研究事物，是指要想获得知识，就必须接触事物而彻底穷尽它的道理。大概人的心都是灵动的，都具有认知能力，而天下事物都有一定的道理，只不过因为这些道理还没有被彻底认识，所以使人的知识很有限。因此，《大学》一开始就教人接触天下万事万物，用自己已有的知识去进一步探究，以彻底认识万事万物的道理。经过长期用功，总有一天会豁然贯通，到那时，万事万物的里外精粗都被认识得清清楚楚，而自己内心的一切道理都得到呈现，再也没有蔽塞。这就叫万事万物被认识、研究了，这就叫知识达到了顶点。

第七章

　　本章朱熹称之"传之六章，释诚意"。此章是古人讨论最多的一章。朱熹认为诚意是"自修之首"，"进德之基"。"意"是心里最初发出的念头，道德修养第一个念头就要真实，否则一伪百伪。真实念头自自然然，心安理得，很满足，很快乐。所以君子要慎独。独有二义，一是独处，无人看你，要谨慎自己行为。二是独知，你的念头，大庭广众之中，别人也不知道，而自己知道，这更需要谨慎。正是《大学》提出了"慎独"这个概念，宋明以后思想家都讨论它，有的人还以它为学术宗旨。在本章中，还第一次引用了曾子的话。曾子学术以孝与敬慎为宗，这大概是朱熹以此篇为曾子所作的理由之一。我倒觉得由此可证明《大学》的作者可能晚于曾子。

所谓诚其意者①：毋自欺也②。如恶恶臭③，如好好色④，此之谓自谦⑤。故君子必慎其独也⑥！小人闲居为不善⑦，无所不至，见君子而后厌然⑧，掩其不善⑨，而著其善⑩。人之视己，如见其肺肝然，则何益矣。此谓诚于中⑪，形于外，故君子必慎其独也。曾子曰⑫："十目所视，十手所指，其严乎！"富润屋⑬，德润身⑭，心广体胖⑮。故君子必诚其意。

【注释】

①诚其意者：使意念真实无妄。

②毋：不要。

③恶（wù）恶（è）臭（xiù）：厌恶腐臭的气味。臭，气味。

④好（hào）好（hǎo）色：喜爱美丽的女子。

⑤谦：通"慊（qiè）"，满足。

⑥慎其独：一个人独处独知时也谨慎、不苟。

⑦闲居：即独处。

⑧厌然：掩藏、躲闪的样子。

⑨掩：遮盖。

⑩著：显示。

⑪中：指内心。

⑫曾子：孔子弟子，名参，字子舆。

⑬润屋：修饰房屋。

⑭润身：修养自身。

⑮心广体胖（pán）：心胸宽广，身体安适舒泰。朱熹注："胖，安舒也。"这里采用朱注。

【译文】

所谓使意念真诚：是说不要自己欺骗自己。就像厌恶恶臭的气味一样，要像喜爱美色一样，一切都发自内心的真实，这样才能使自己心满意足。所以，君子哪怕是在一个人独处独知的时候，也一定要戒慎。小人在平时为非作歹，做尽坏事，及至见到君子便遮遮掩掩，掩盖自己的邪恶行径，而显示其如何善良。殊不知，别人看自己，就像看见自己的心肺肝脏的样子，掩盖有什么益处呢？这就是说内心的真实总要表现到外面的，所以，君子哪怕是在一个人独处独知的时候，也一定要戒慎。曾子说："十只眼睛看着你，十只手指点着你，这是多么可怕啊！"财富能润饰房屋，道德却可以润饰身心，心胸宽广，而身体自然安适舒泰。所以，君子一定要使自己的意念真诚。

第八章

　　本章朱熹称之为"传之七章，释正心修身"。大意是：开始的念头真实无妄了，但身心情志还要磨练，因"心"比"意"更宽泛，所以才叫"正心"。正心有许多方面，如理想、气质、认知、情感等都属于心的范围，但这里特别突出情感和认知，愤怒会使人偏激，恐惧会使人胆怯，过分的喜好会使人偏离正道，不端正这些情志，思想恍惚不专一，那就无法认知事物了。总之把握好情志，执一无适、聚精会神是正心的关键。

所谓修身在正其心者,身有所忿懥①,则不得其正;有所恐惧,则不得其正;有所好乐,则不得其正;有所忧患,则不得其正。心不在焉,视而不见,听而不闻,食而不知其味。此谓修身在正其心。

【注释】
① 身:程颐认为"身"当作"心",译文采用程氏说法。忿懥(zhì):愤怒。

【译文】
所谓修身要先端正自心,是因为心有愤怒,就不能够端正;心有恐惧,就不能够端正;心有偏好,就不能够端正;心有忧虑,就不能够端正。心思被不端正念头所困扰,就会心不在焉;虽然在看,但却看不明了;虽然在听,但却像没有听见一样;虽然在吃东西,但却不知道食物滋味。这就是说,修身必须要先端正自心。

第九章

本章朱熹称之为"传之八章,释修身齐家"。修身要注意自身的情感,情感容易走向一偏之极端,好恶不能简单二分,因为常人有优点,也会有缺点,所以人的认识也必须"好而知其恶,恶而知其美"。就像俗话所说的溺爱者不明,贪得者无厌,都是一偏之害,所以家也不会治理好。家庭内部感情很重要,没有感情,家也会貌合神离,但感情用事,也会导致家庭不和。这是古人早已明白的道理。《论语·颜渊》有:"子张问崇德辨惑。子曰:'主忠信,徙义,崇德也。爱之欲其生,恶之欲其死。既欲其生,又欲其死,是惑也。'"正好启发了本章。

所谓齐其家在修其身者，人之其所亲爱而辟焉①，之其所贱恶而辟焉②，之其所畏敬而辟焉，之其所哀矜而辟焉③，之其所敖惰而辟焉④。故好而知其恶⑤，恶而知其美者，天下鲜矣⑥！故谚有之曰⑦："人莫知其子之恶，莫知其苗之硕。"此谓身不修不可以齐其家。

【注释】

①之：这里相当"于"，即"对于"。辟：偏颇，偏向。
②恶（wù）：厌恶。
③哀矜：同情，怜悯。
④敖：通"傲"，骄傲。惰：怠慢。
⑤好（hào）：喜好。
⑥鲜（xiǎn）：少。
⑦谚：俗语。

【译文】

所谓治好自家在于先修养自己，是因为人们会有种种情感和认识偏差：对于自己所亲爱的人，往往会过分偏爱；对于自己轻贱和厌恶的人，往往会过分轻贱厌恶；对于自己敬畏的人，往往会过分敬畏；对于自己同情的人，往往会过分同情；对于自己轻视和怠慢的人，往往会过分轻视和怠慢。因此，喜爱某人同时又知道那人的缺点，厌恶某人同时又知道那人的优点，这种人天下很少见了。所以俗话有这样说法："由于溺爱，人不知道自己孩子的过失；由于贪得，人看不到自己庄稼的茁壮。"这就是不修养自身就不能治好自家的道理。

第十章

　　本章朱本称之为"传之九章，释齐家治国"。中国古代社会是宗法社会，是一个家族统治千百万个家族的社会。国君的家族十分庞大，家族内部常有纷争，纷争有时会流血，甚至导致衰败。所以管理好家庭和整个家族是个大问题。家庭的管理，最好的方法是树立孝悌、仁慈、礼让等道德观念，孝悌是敬长，仁慈是爱幼，礼让则和逊不争，实行这种精神，家庭就会和谐。用推己及人的恕道，把这种观念推广到社会，社会也会和谐安定。榜样力量是无穷的，国君这样做，全国都会跟着做。《诗经》里许多诗句都是讲家庭和睦的，来嫁的子妇，家族的兄弟，都应如此，然后才能做出榜样。《论语·卫灵公》："子贡问曰：'有一言而可以终身行之者乎？'子曰：'其恕乎！己所不欲，勿施于人。'"后儒把它概括成"推己及人"的原则，现在人们还用这一原则思考，如换位思考，替别人想一想等，都包含了这种精神。

所谓治国必先齐其家者，其家不可教而能教人者，无之。故君子不出家而成教于国。孝者，所以事君也；弟者①，所以事长也；慈者②，所以使众也。《康诰》曰："如保赤子③。"心诚求之，虽不中不远矣④。未有学养子而后嫁者也。一家仁，一国兴仁；一家让，一国兴让；一人贪戾⑤，一国作乱。其机如此⑥。此谓一言偾事⑦，一人定国。尧、舜帅天下以仁⑧，而民从之；桀纣帅天下以暴⑨，而民从之。其所令反其所好，而民不从。是故君子有诸己而后求诸人⑩，无诸己而后非诸人。所藏乎身不恕⑪，而能喻诸人者⑫，未之有也。故治国在齐其家。

【注释】

① 弟：同"悌（tì）"，指弟弟尊重兄长。

② 慈：慈爱。指父母爱子女。

③ 如保赤子：《尚书·周书·康诰》原文作："若保赤子。"意思是保护平民百姓如母亲养护婴儿一样。

④ 中（zhòng）：达到目标。

⑤ 贪戾：贪婪，暴戾。

⑥ 机：本指弩箭上的发动机关，引申为关键。

⑦ 偾（fèn）：败，坏。

⑧ 尧、舜：即尧帝和舜帝，儒家认为是圣君的代表。帅：同"率"，率领，统帅。

⑨ 桀（jié）：夏代最后一位君主。纣：即殷纣王，商

代最后一位君主。二人历来被认为是暴君的代表。

⑩诸:"之于"的合音。

⑪恕:即恕道。孔子说:"己所不欲,勿施于人。"意思是说,自己不喜欢的事物,也不要强加于别人。这种推己及人,将心比己的品德就是儒学所倡导的恕道。

⑫喻:晓喻。

【译文】

所谓治理国家必须先治好自己的家庭,是说连自己家人都不能管教好而能管教好别人,这是没有的事。所以,有修养的人不出家门就能完成对整个国家的教育。孝顺父母,可以用于侍奉君主;恭敬兄长,可以用于侍奉尊长;慈爱子女,可以用于对待民众。《康诰》说:"爱人民如同爱护婴儿一样。"内心真有这种仁爱的追求,即使达不到目标,也不会相差太远。要知道,没有谁先学会了养护孩子再去嫁人的啊!国君一家仁爱,一国人受到感化,也会兴起仁爱;国君一家礼让,一国人也会受到感化,兴起礼让;国君一人贪婪暴戾,一国人就会受到影响,纷纷作乱。其关联就是这样紧密。这就叫做:一句话可以败坏大事,一个人可以安定国家。尧、舜用仁政统率天下,老百姓就跟随着学仁爱;桀、纣用暴政统率天下,老百姓就跟随着学凶暴。国君的命令与自己的实际做法相反,老百姓是不会依从的。所以,品德高尚的君子,总是自己先做到,然后才要求别人做到;自己先不这样做,然后才要求别人不这样做。如果自己不采取这种推己及人的恕道,而晓喻他人按自己的意思去做，那是未曾有过的。所以说，君主要治理好国家必须先治理好自己的家庭。

《诗》云①："桃之夭夭②，其叶蓁蓁③。之子于归④，宜其家人⑤。"宜其家人，而后可以教国人。《诗》云⑥："宜兄宜弟。"宜兄宜弟，而后可以教国人。《诗》云⑦："其仪不忒⑧，正是四国⑨。"其为父子兄弟足法，而后民法之也。此谓治国在齐其家。

【注释】

①《诗》云：此指《诗经·周南·桃夭》。
②夭夭（yāo）：鲜嫩、美丽的样子。
③蓁蓁（zhēn）：茂盛的样子。
④之子：这个女子。于归：指女子出嫁。
⑤宜：善。
⑥《诗》云：此指《诗经·小雅·蓼萧》。
⑦《诗》云：此指《诗经·曹风·鸤鸠》。
⑧仪：仪表。忒（tè）：差错。
⑨正是：做正面榜样。四国：四周围的邦国。

【译文】

《诗经·周南·桃夭》说："桃花美艳艳，桃叶绿蓁蓁。此女嫁来了，和睦一家人。"让自家人都和睦，然后才能教育一国的人都和睦。《诗经·小雅·蓼萧》说："兄弟和睦。"兄弟和睦了，然后才能教育一国的人都和睦。《诗经·曹风·鸤鸠》说："仪容无差错，教正四方国。"只有当一个人无论是作为父亲、儿子,还是兄长、弟弟都值得人效法时,老百姓才会去效法他。这就是要治理国家必须先治理好自己家庭的道理。

第十一章

　　本章朱本称之为"传之十章，释治国平天下"。治国要有治国原则，这个原则就是治国者要慎德。有了孝悌慈幼等标准，就可以推己及人，实施絜矩之道。"民之所好好之，民之所恶恶之"。天命是由民心决定的，"得众则得国，失众则失国"。要知道有德与人、土、财、用的关系。有德才能得众有人，得众有人才能有土立国，有土立国才会有财货，有财货才能满足需要。所以德是本，财是末。治国者不能与民争财，财是大家所同欲的，不能做到大家同欲，而要专欲，人民就要起来争夺了。悖理得到的财货，不能保持长久。财货不是本不是宝，只有善和善人才是本才是宝。国家得到有贤智的人才能治理，排斥贤智者，不能保有子孙和人民。君子靠忠信得天下，骄奢淫逸便失天下，这是治国的大道。同样理财也有大道，必须解决好生产者和消费者、创造者和享用者的关系。前者要许多人参加，而且要努力工作；后者人要少，而且不能过度。这样财货就能长久满足。过度的聚敛财富，与民争利，甚至伤民之力，那会天灾人祸并至，那时即使有好人，也没办法了。正如朱熹所言："此章之义，务在与民同好恶而不专其利，皆推广絜矩之义也。能如是，则亲贤乐利各得其所，而天下平矣。"本章格言是："好人之所恶，恶人之所好，是谓拂人之性，灾必逮夫身。"这是屡屡被历史所证明的治国理念。

所谓平天下在治其国者，上老老而民兴孝^①；上长长而民兴弟^②；上恤孤而民不倍^③。是以君子有絜矩之道也^④。所恶于上，毋以使下；所恶于下，毋以事上；所恶于前，毋以先后；所恶于后，毋以从前；所恶于右，毋以交于左；所恶于左，毋以交于右。此之谓絜矩之道。

【注释】

①老老：尊敬老人。

②长长：尊重长辈。弟：同"悌"。

③恤：体恤，周济。孤：孤儿。倍：通"背"，背弃。

④絜（xié）矩之道：指言行要有规矩准绳，要有示范作用。推己及人，使上下四方均齐方正。絜，量度。矩，画直角或方形用的尺子，引申为法度、规则。

【译文】

所谓平定天下在于先治理好自己的国家，是因为，在上位的人尊敬老人，老百姓就会兴起孝顺自己父母的风气；在上位的人尊重长辈，老百姓就会形成尊重长者的风气；在上位的人怜恤孤幼，老百姓也同样不会背弃这一美德。所以，君子总是实行以身作则，推己及人的"絜矩之道"。凡是处于上位的人的某种作为为我所厌恶，就不用这种做法去对待处于下位的人；凡是处于下位的人的某种作为为我所厌恶，就不用这做法去对待处于上位的人；我若厌恶前面的人的作为，就不用这种做法去对待后面的人；我若厌恶后面的人的某种做法，就不用这种做法去对待前面的人；我若厌恶右边的人的某种做法，就不用这种做法去对待左边的人；我若厌恶左边的人的某种做法，就不用这种态度去对待右边的人。这就叫做推己及人的"絜矩之道"。

《诗》云①："乐只君子②，民之父母。"民之所好好之，民之所恶恶之，此之谓民之父母。《诗》云③："节彼南山④，维石岩岩⑤。赫赫师尹⑥，民具尔瞻⑦。"有国者不可以不慎，辟则为天下僇矣⑧。《诗》云⑨："殷之未丧师⑩，克配上帝⑪。仪监于殷⑫，峻命不易⑬。"道得众则得国，失众则失国。是故君子先慎乎德。有德此有人⑭，有人此有土，有土此有财，有财此有用。德者，本也；财者，末也。外本内末，争民施夺⑮。是故财聚则民散，财散则民聚。是故言悖而出者，亦悖而入⑯；货悖而入者，亦悖而出。

【注释】

①《诗》云：此指《诗经·小雅·南山有台》。
②乐：快乐，喜悦。只：语助词。
③《诗》云：此指《诗经·小雅·节南山》。
④节：高大。
⑤岩岩：险峻的样子。
⑥师尹：太师尹氏。尹姓是周朝的世卿，祖先尹佚在武王时有功，尹吉甫辅佐宣王有功。此位尹太师因勾结小人，祸乱国政，是诗中谴责的对象。太师是周代的三公之一。

⑦具:通"俱",都。尔:你。瞻:瞻仰,仰望。
⑧辟(pì):偏私,邪僻。僇(lù):通"戮",杀戮。
⑨《诗》云:此指《诗经·大雅·文王》。
⑩丧师:失去民众。
⑪克配:能够配合。
⑫仪:宜。监:鉴戒。
⑬峻命:大命。不易:指不容易保有。
⑭此:乃,才。
⑮争民:与民争利。施夺:施行劫夺。
⑯悖:逆。

【译文】

《诗经·小雅·南山有台》说:"快乐的国君啊,是人民的父母。"人民喜爱的,他也喜爱;人民憎恶的,他也憎恶,这样的国君就可以称得上是人民的父母。《诗经·小雅·节南山》说:"高大的南山,岩石巍峨耸立。显赫的尹太师,百姓都看着你。"握有国家大权的人不可不谨慎,邪僻失道就会被天下人诛戮。《诗经·大雅·文王》说:"殷朝没有失民心的时候,还是能够与上帝的要求相符的。请用殷朝做个鉴戒吧,守住天命并不是一件容易的事。"这就是说,得到民心就能得到国家,失去民心就会失去国家。所以,君子首先注重修养德行。有道德才会有人拥护,有人拥护才能有土地,有土地才会有财富,有财富才能供使用。道德是根本,财富是枝末。假若轻根本而重枝末,那就会和老百姓争夺利益而实行劫夺之术。所以,君王聚敛财富,民心就会失散;君王散财于民,民心就会聚在一起。这正如说话悖逆道理，也会有悖逆道理的话回报；财货悖逆情理而来，也会悖逆情理地失去。

《康诰》曰："惟命不于常①。"道善则得之，不善则失之矣。《楚书》曰："楚国无以为宝，惟善以为宝。"②舅犯曰③："亡人无以为宝④，仁亲以为宝。"《秦誓》曰⑤："若有一个臣，断断兮无他技⑥，其心休休焉⑦，其如有容焉⑧。人之有技，若己有之。人之彦圣⑨，其心好之，不啻若自其口出⑩，实能容之。以能保我子孙黎民，尚亦有利哉！人之有技，媢疾以恶之⑪；人之彦圣，而违之俾不通⑫，实不能容。以不能保我子孙黎民，亦曰殆哉！"唯仁人放流之⑬，迸诸四夷⑭，不与同中国⑮。此谓唯仁人为能爱人，能恶人。见贤而不能举，举而不能先，命也⑯。见不善而不能退，退而不能远，过也。好人之所恶，恶人之所好，是谓拂人之性⑰，灾必逮夫身⑱。

【注释】

① 命：天命。
② "《楚书》"句：《楚书》为楚昭王时史书。楚昭王派王孙圉（yǔ）出使晋国。晋国赵简子问楚国珍宝美玉现在怎么样了。王孙圉答道：楚国从来没有把美玉当作珍宝，只是把善人如观射父这样的大臣看作珍宝。事见《国语·楚语》。汉代刘向的《新序》中也有类似的记载。

③舅犯：晋文公重耳的舅舅狐偃，字子犯。
④亡人：流亡的人，指重耳。鲁僖公四年十二月，晋献公因受骊姬的谗言，逼迫太子申生自缢而死。重耳避难逃亡在外。在狄国时，晋献公逝世。秦穆公派人劝重耳归国掌政。重耳将此事告诉子犯，子犯以为不可，对重耳说了这几句话。语见《礼记·檀弓下》。
⑤《秦誓》：《尚书·周书》中的一篇。
⑥断断：真诚的样子。
⑦休休：宽宏大量。
⑧有容：能够容人。
⑨彦圣：指德才兼备。圣，明。
⑩不啻（chì）：不但。
⑪媢（mào）疾：妒嫉。《尚书·秦誓》作"冒疾"。
⑫违：阻抑。俾（bǐ）：使。
⑬放流：流放。
⑭迸：即"屏"，驱逐。四夷：四方之夷。夷，指古代东方的部族。
⑮中国：中原。
⑯命：东汉郑玄认为应该是"慢"字之误。慢，即轻慢。
⑰拂：逆，违背。
⑱逮：及，到。夫（fú）：助词。

【译文】

《尚书·康诰》说："只有天命是不会常保的。"这就是说，行善便会得到天命，不行善便会失去天命。《楚书》说："楚国没有什么是宝，只是把善人当作宝。"舅犯说："流亡在外的人没有什么是宝，只是把仁爱亲人当作宝。"《尚书·秦誓》说："假若有这样一位大臣，忠厚老实而没有什么特别的本领，但他心胸宽广，有容人之量。别人有本领，就如同他自己有一样；别人德智兼备，他心悦诚服，不只是在口头上说说，而是实实在在能容纳。用这种人，是可以保护我的子孙和人民的，而且还是有利的啊！相反，假若别人有本领，他就妒嫉、厌恶人家；别人德智兼备，他便想方设法压制、阻挠，使君主不知道他的才德，这实实在在是不能容人。用这种人，不仅不能保护我的子孙和人民，而且可以说是很危险！"因此，有仁德的人会把这种容不得人的人流放，把他们驱逐到边远的四夷之地去，不让他们与自己同住在中原。这说明，有仁德的人能爱护好人，也能憎恨坏人。发现贤才而不能选拔，选拔了而不能优先重用，这是轻慢。发现恶人而不能罢免，罢免了而不能把他驱逐得远远的，这就是过错。喜欢众人所厌恶的，厌恶众人所喜欢的，这是违背人的本性，灾难必定要落到自己身上。

是故君子有大道：必忠信以得之，骄泰以失之①。生财有大道：生之者众，食之者寡，为之者疾②，用之者舒③，则财恒足矣。仁者以财发身④，不仁者以身发财。未有上好仁而下不好义者也，未有好义其事不终者也，未有府库财非其财者也。孟献子曰⑤：

"畜马乘不察于鸡豚⑥，伐冰之家⑦，不畜牛羊；百乘之家⑧，不畜聚敛之臣⑨。与其有聚敛之臣，宁有盗臣⑩。"此谓国不以利为利，以义为利也。长国家而务财用者⑪，必自小人矣。彼为善之，小人之使为国家，灾害并至。虽有善者，亦无如之何矣⑫！此谓国不以利为利，以义为利也。

【注释】

①骄泰：骄横放纵。

②疾：快，迅速。

③舒：舒缓。

④发身：修身。发，发达，发起。

⑤孟献子：鲁国大夫，姓仲孙，名蔑。

⑥畜：养。乘（shèng）：指用四匹马拉的车。畜马乘，是士人初做大夫官的待遇。察：关注。

⑦伐冰之家：指丧祭时能用冰的人家。是卿大夫类高官的待遇。

⑧百乘之家：拥有一百辆车的人家，指有封地的诸侯王。

⑨聚敛之臣：搜刮钱财的家臣。聚，聚集。敛，征收。

⑩盗臣：盗窃府库财物的家臣。

⑪长（zhǎng）国家：成为国家之长，指君王。

⑫无如之何：没有办法。

【译文】

所以，做国君的人有正道：必定遵循忠诚信义，以获得天下；若骄奢放纵，便会失去天下。生产财物也有正道：

要让生产财物的人多，消费财物的人少；要让生产财物的人勤奋，消费财物的人节俭。这样，国家财富便会经常充足了。仁爱的人散财以提高自身的德行而得民，不仁的人不惜以生命为代价去聚敛财物。没有在上位的人喜爱仁德，而在下位的人却不喜爱忠义的；没有喜爱忠义，而做事却半途而废的；没有国库里的财物不是属于国君的。孟献子说："具备马匹车辆的士大夫之家，就不该再去计较养鸡养猪的小利；祭祀能够用冰的卿大夫家，就不要再去养牛养羊牟利；拥有百辆兵车的诸侯之家，就不要去收养搜刮民财的家臣。与其有搜刮民财的家臣，还不如有偷盗自家府库的家臣。"这意思是说，一个国家不应该以财利为利益，而应该以道义为利益。做了国君却还一心想着聚敛财货，这必然是有小人在诱导。而那国君还以为这些小人是好人，让他们去处理国家大事，结果是天灾人祸一齐降临。这时虽有贤能的人，却也没有办法挽救了。所以，一个国家不应该以财货为利益，而应该以道义为利益。

附录　朱熹《大学章句序》

　　《大学》之书，古之大学所以教人之法也。盖自天降生民，则既莫不与之以仁义礼智之性矣。然其气质之禀或不能齐，是以不能皆有以知其性之所有而全之也。一有聪明睿智能尽其性者出于其间，则天必命之以为亿兆之君师，使之治而教之，以复其性。此伏羲、神农、黄帝、尧、舜，所以继天立极，而司徒之职、典乐之官所由设也。

　　三代之隆，其法浸备，然后王宫、国都以及闾巷，莫不有学。人生八岁，则自王公以下，至于庶人之子弟，皆入小学，而教之以洒扫、应对、进退之节，礼乐、射御、书数之文；及其十有五年，则自天子之元子、众子，以至公、卿、大夫、元士之適子，与凡民之俊秀，皆入大学，而教之以穷理、正心、修己、治人之道。此又学校之教、大小之节所以分也。

　　夫以学校之设，其广如此，教之之术，其次第节目之详又如此，而其所以为教，则又皆本之人君躬行心得之余，不待求之民生日用彝伦之外，是以当世之人无不学。其学焉者，无不有以知其性分之所固有，职分之所当为，而各俛焉以尽其力。此古昔盛时所以治隆于上，俗美于下，而非后世之所能及也!

及周之衰,贤圣之君不作,学校之政不修,教化陵夷,风俗颓败,时则有若孔子之圣,而不得君师之位以行其政教,于是独取先王之法,诵而传之,以诏后世。若《曲礼》、《少仪》、《内则》、《弟子职》诸篇,固小学之支流余裔,而此篇者,则因小学之成功,以著大学之明法,外有以极其规模之大,而内有以尽其节目之详者也。三千之徒,盖莫不闻其说,而曾氏之传独得其宗,于是作为传义,以发其意。及孟子没而其传泯焉,则其书虽存,而知者鲜矣!

自是以来,俗儒记诵词章之习,其功倍于小学而无用;异端虚无寂灭之教,其高过于大学而无实。其他权谋术数,一切以就功名之说,与夫百家众技之流,所以惑世诬民、充塞仁义者,又纷然杂出乎其间。使其君子不幸而不得闻大道之要,其小人不幸而不得蒙至治之泽,晦盲否塞,反覆沉痼,以及五季之衰,而坏乱极矣!

天运循环,无往不复。宋德隆盛,治教休明。于是河南程氏两夫子出,而有以接乎孟氏之传。实始尊信此篇而表章之,既又为之次其简编,发其归趣,然后古者大学教人之法、圣经贤传之指,粲然复明于世。虽以熹之不敏,亦幸私淑而与有闻焉。顾其为书犹颇放失,是以忘其固陋,采而辑之,间亦窃附己意,补其阙略,以俟后之君子。极知僭逾，无所逃罪，然于国家化民成俗之意、学者修己治人之方，则未必无小补云。

淳熙己酉二月甲子，新安朱熹序

【译文】

《大学》这部书，是古代大学教学的法则。自从上天降生人类以来，就没有不赋予每一个人以仁、义、礼、智的本性的。然而人禀赋的气质存在差别，所以不能够全知道并保有天所给予人的全部本性。如果有聪明智慧并能把最初本性发挥到极至的人，出于人民中间，则天必命他为广大人民的君主、师长，使其治理和教育人民，以恢复人民最初的善良本性。这就是伏羲、神农、黄帝、尧、舜之所以承受天命为人民的君师和榜样的原由，也是教育人民的司徒、典乐等官职之所以设立的理由。

在夏、商、周三代兴隆时，学校设施及教学方法渐渐完备，王宫、国都和闾巷都有学校。人到了八岁，从王公以下至于老百姓的子弟，都进入小学学习。小学教学的内容是：洒水扫地，应答对话，待人接物的礼节、各种礼仪和音乐舞蹈，射箭和驾车，文字书写和算术等文化知识。待长到十五岁，从可继承君位的太子、及君主其他儿子，以及公侯、卿相、大臣、官员之正妻所生的儿子，与老百姓中的优秀子弟，都进入大学。而教学的内容则是使受教者懂得探寻身心的道理，掌握正心、修己、治人之道。这样的学校教育，大学、小学的教学内容和目的是划分得清楚明白的。

学校的设立，内容是如此的广泛，教学的次序和内容是如此详细分明，而其为教的内容，都是人君亲身经历的经验和心得，不追求人民日常生活和伦理知识之外的奇思妙想。这样，当世之人没有不学习的。这些学习的人，没有不知道人的本性所固有的，也没有不明白自己的职分所当为的，这样个人就会努力去尽自己的力量。这就是古代兴盛时，政治修明于上，风俗美善于下，而后世赶不上的原因。

到周朝衰落后，贤圣之君不再出现，上述学校的体制不再推行，教化随世事而零落，风俗也颓废败坏。当时即使有孔子这样的圣人，也得不到君师的地位，来推行他的政治教化学说。于是他就开设私人学校，仿效先王之法，招收弟子习读《诗》、《书》和历史文献，把先王之道传授弟子，再由弟子传教后人。像《曲礼》、《少仪》、《内则》、《弟子职》等篇，都是小学的内容遗留。而这一篇《大学》，是在小学学成的基础上，讲明大学教学内容和方法，既展现儒家学说、理论体系的规模框架之大，而内容又条理分明、节次详细。孔子的三千多学生，都听过孔子的讲说，只有曾子明白其中的真义，于是写成传文，以发明孔子本意。到孟子死后，《大学》的传统消失了，《大学》这部书虽然存在，但知其真义者太少了。

从这以后，出现了普通学者诵读记忆词句、习作文章的风习，所下的功夫数倍于小学但没有用；异端所讲求的虚无寂灭之教，其理论高过于大学而无实；其他权谋术数，一切以功名利禄为目的的说教，以及百家众技之流，这些蛊惑人心、阻塞仁义的东西，又纷然杂出并流行于世，使在上位的人不幸而不得闻大道的要旨，使平民百姓不幸而不得政治修明的恩泽，昏暗不明，政教不行，痼疾反复积累，到五代十国衰败之时，坏乱到了极点。

天运循环，无往不复。宋德隆盛，治教修明。于是出了河南程氏两位先生，能够继承孟子的传统。他们开始尊信和表彰此篇，又将传下来的古书文字重新编次，挖掘其真义，然后古代大学教人之法，圣经贤传之宗旨，粲然复明于世。虽然我不够聪明敏捷，但也有幸从我老师那里听说了程氏两先生的学说。只是程氏两先生的书不少已经流失，于是不顾我自己的固陋，将程书重新钩稽，章句之中也附入了我自己的一些见解，还补苴其阙失省略的地方，这些都等待以后的学者纠正。自知超越等级和失礼，没有办法逃脱罪责，但于国家化民成俗之意，学者修己治人之方，则未必没有小小的帮助。

淳熙己酉二月甲子，新安朱熹序

中庸

前　言

　　《中庸》是儒家重要经典，它同《易经》一样，都是儒家的理论渊薮。不过《易经》比《中庸》影响大，涵盖面广，而《中庸》是宋以后儒者研读的重点。儒学，特别是理学，许多概念、命题出自《中庸》，许多理学大家持守《中庸》的信条，许多儒者用《中庸》的方法论思考，从而可以看出，《中庸》对中华文明的形成有着深远的影响。

　　但今本《中庸》，并非独立成编。它仅是《礼记》中的一篇，初始既没有引起人们广泛关注，也没有留下作者姓名。

　　对于《中庸》的作者，一般认为，它出于子思（前483—前402）之手。司马迁曾说子思作《中庸》。据《史记·孔子世家》记载，孔子之孙名叫孔伋，字子思。据《韩非子·显学》记载，孔子去世后，儒家分为八派，子思和孟子是其中一派。《荀子·非十二子》提到："子思唱之，孟轲和之。"也把子思和孟子看成是一派。从师承关系来看，子思大概学于孔子的得意弟子曾子，《史记·孟子荀卿列传》称，孟子学于子思之门人。从《中庸》和《孟子》的基本观点来看，大体上是相同的，所以有"思孟学派"的说法。后代因此而尊称子思为"述圣"。至宋代，理学大家也认为《中庸》为子思所作，这几乎成了定论。

　　近代人们对《中庸》作者产生疑问，有人据第二十八章"生乎今之世，反古之道"，"今天下车同轨，书同文，行同伦"两段话，认为《中庸》是秦代作品；也有人认为是子思所作，只是掺入了秦人文字。我觉得现存的《中庸》，还应为子思所作，但可能经过秦代儒者的修改写定。

现存本虽说没有独立成编，但早在西汉时代就有专门解释《中庸》的著作。《汉书·艺文志》著录有《中庸说》二篇，以后各代有关这方面的著作也有一些，但影响甚微。唐代韩愈注意《大学》、《中庸》，揭示道统。到宋代，很多人目光转向《中庸》，范仲淹让理学开山者之一张载读《中庸》，二程表彰《中庸》，二程弟子也有关于《中庸》的著作，朱熹讲友石子重作《中庸解》，但影响最大的还是理学集大成者朱熹的《中庸章句》。

朱熹把《中庸》、《大学》、《论语》、《孟子》合在一起，称为"四书"，并为之作章句集注。从元代开始，《四书章句集注》成为各级学校的必读书，成为士子求取功名利禄的阶梯，影响达七百年之久。

朱熹的《中庸章句序》，是一篇难得的历史文化文献。它完整地论述了儒家的道统论。首先，是道的内涵，序引《尚书·大禹谟》中"人心惟危，道心惟微，惟精惟一，允执厥中"四句话，表明宗旨，使其成为道统论的核心，后来被称作"十六字心传"。理学家们几乎都把它奉为圭臬，没有谁人能绕过它。

其次，还使道的历代承载人物谱系化。朱熹认为，尧舜禹汤、文王武王、周公召公、皋陶伊尹傅说，这些早期圣君名臣，使道代有传人，形成统绪。孔子虽无其位，但"继往圣，开来学"，其功有高过尧、舜的地方，自然也承载道统。曾子见知孔子，子思得其流风遗韵，此后孟子接续其统。孟子前后，异端肆起，特别是佛老思想"弥近理而大乱真"，道统失传。至程颢、程颐出，斥佛道"似是而非"，续千载不传之绪，完整地勾画出一个道统流变史。

朱熹还说，自己早年对《中庸》有很多疑问，经过"沉潜反复"，多年思考，才得其要领，最后"会众说而折其中"，才作成《中庸章句》。《中庸章句》使《中庸》之旨，枝分节解、脉络贯通、详略相因、巨细毕举。此外还对诠释《中庸》的各家同异得失，也加以辨析，把记录论辩取舍的文字著为《中庸或问》。他还把石子重之书作了删节，更名《中庸辑略》。又在讲学中，同弟子反复讨论《中庸》，这些讨论大部分收录在《朱子语类》中。可以看出，朱熹对《中庸》下了很多功夫，《中庸章句》是他的得意之作。以上这些书，是彼此密不可分的一个整体，相辅相成，是研究《中庸》不可或缺的资料。

在《中庸章句》篇题之下，朱熹对"中庸"下了一个定义，指出："中者，不偏不倚、无过不及之名。庸，平常也。""不偏不倚"，出自本书"中立而不依"和改用《尚书·洪范》"无偏无陂"；"无过不及"，出自《论语·先进》。又用"平常"释"庸"，借以指出中庸的合度性、日用性。是"放之则弥六合，卷之则退藏于密"的道理，都是实用的学问。善于阅读的人只要仔细玩味，便可以终身受用不尽。

《中庸》及《中庸章句》及朱熹有关著作，还讨论了儒学和理学的一系列问题，如命、性、教、道、慎独、情、已发未发、中和、大本、达道、在中、时中、用中、费隐、忠恕、鬼神、五达道、三达德、知行、治国九经、择善固执、诚、致曲、尊德性而道问学、学问思辨行、三重、仁义礼智、无声无臭等等，有天道，有人道，有本体，有工夫。许多儒者对这些概念和命题也倾注了极大的热情，进行了广泛深入的论辩。这些讨论，虽说常常莫衷一是，但丰富多彩，细致入微，富有哲理。可以说宋明理学所以能成为本体化、哲学化的思潮，达到了时代哲学高峰，是和《中庸》及《中庸章句》密不可分的。

《中庸》在儒家典籍中，是高层次的理论色彩浓厚的著作。读通、读懂很不容易。朱熹认为读四书应最后读《中庸》，突出它的高深性。为了增加它的可读性，本书采取解读、注释、翻译形式。三种形式各自成篇，又彼此照应。此次诠释《中庸》，以《四书集注》中的《中庸章句》为底本，文字、章节一一依从《章句》。注释博采众长，不固守宋儒。译文与正文和注解相对应。解读突出概念命题及章节的内在联系，有时采用朱说，有时觉得朱说过于勉强者，则另辟蹊径，有的地方仅为笔者一得之见。不当之处，在所难免，敬请同道和读者指正。

王国轩

2015 年 10 月

第一章

　　本章先讲天命,这里讲的命,不是指富贵、贫贱、寿夭等命定内容,而是指个人的禀赋而言,人的禀赋是自然形成的,这就是含有道德内容的性。人人遵循各自的性,在日常生活中,就知道当做什么,不当做什么,这就有了常规,这就是道。从道入手,修饰品节,这就是教化。从道不可片刻离开引入话题,强调在《大学》里面也阐述过的"慎其独"问题,要求人们加强道德自觉,谨慎地修养自己。

　　个人修养特别提出了"中和"这一范畴,进入全篇的主题。"中和"是儒学的重要范畴之一,历来有各种各样的理解。本章是从情的角度切入,对中和作出基本的解释。按照本章的意思,在一个人还没有表现出喜怒哀乐的情感时,心中是平静的,不偏不倚的,所以叫做"中"。喜怒哀乐总是要发露出来的,但发出来要有节度,无过不及,这就叫做"和"。人人都达到"中和"的境界,整个社会大家都心平气和,社会和自然界很和谐,天下也就太平无事了。这里讲的中和,实际就是中庸。前人说:"以性情言之,则曰中和;以德行言之,则曰中庸。"大体不错。

　　本章具有全篇纲要的性质,所谓"一篇之体要"。其下十章,大体都围绕本章内容而展开。用朱熹的话来说是"子思引夫子之言,以终此篇之义"。的确都是引孔子的话。

天命之谓性①，率性之谓道②，修道之谓教③。道也者，不可须臾离也④，可离非道也。是故君子戒慎乎其所不睹⑤，恐惧乎其所不闻⑥。莫见乎隐⑦，莫显乎微，故君子慎其独也⑧。喜怒哀乐之未发，谓之中⑨；发而皆中节⑩，谓之和⑪。中也者，天下之大本也；和也者，天下之达道也⑫。致中和⑬，天地位焉⑭，万物育焉⑮。

【注释】

①天：指自然的天。命：赋予。朱熹《中庸章句》中说："天以阴阳五行化生万物，气以成形，而理亦赋焉，犹命令也。"性：人性。

②率：遵循，按照。道：路，引申为规律、法则。朱熹《四书章句集注》中说："犹路也。人物各循其性之自然，则其日用事物之间，莫不各有当行之路，是则所谓道也。"

③修：修明，节制。教：教化，包括礼、乐、刑、政等。

④须臾：片刻。

⑤不睹：看不见的地方。

⑥不闻：听不到的事情。

⑦莫：在这里是"没有什么更……"的意思。见（xiàn）：同"现"，显现。乎：于。

⑧独：独处或独知时。

⑨中：指不偏不倚的状态。

⑩中（zhòng）节：符合法度。

⑪和：和谐，不乖戾。
⑫达道：天下古今必由之路，也指普遍规律。
⑬致：达到。
⑭位：安于所处的位置。
⑮育：成长发育。

【译文】

　　天赋与人的禀赋叫做性，遵循天性而行叫做道，按照道的原则修养叫做教。道是不可以片刻离开的，如果可以离开，那就不是道了。所以，君子在别人看不见的地方也是谨慎的，在别人听不见的地方也是有所戒慎畏惧的。越是隐秘的事情越是容易显露，越是细微的事情越是容易显现。所以，君子在一个人独处独知的时候，更要谨慎。喜怒哀乐各种感情没有表现出来的时候，叫做中；表现出来以后符合节度，叫做和。中是天下的根本；和是天下普遍遵循的规律。达到中和的境界，天地便各在其位了，万物的生长就茂盛了。

第二章

　　本章提出了"时中"的概念。《论语·先进》记载:"子贡问:'师与商也孰贤?'子曰:'师也过,商也不及。'曰:'然则师愈与?'子曰:'过犹不及。'"这是对"中"解释的根据之一。但"中无定体,随时而在",也就是说中是处于变动不居之中,这就需要随时处中,这就是"时中"。"时中"和"在中"是两种不同的存在形态,但都是中,只是有已发未发之别罢了。君子有此德行,而又随时处中,戒慎恐惧,所以能体现中庸。小人不知修养,任意妄行,自然会肆无忌惮,好走极端,和中庸相反。

仲尼曰①:"君子中庸②,小人反中庸。君子之中庸也,君子而时中③;小人之中庸也④,小人而无忌惮也⑤。"

【注释】

①仲尼:即孔子,名丘,字仲尼。
②中庸:朱熹注"中庸者,不偏不倚,无过不及",它是儒家的最高道德标准。
③时中:随时而处中。
④小人之中庸也:王肃本作"小人之反中庸也",程、朱皆从之。
⑤忌惮:顾忌和畏惧。

【译文】

仲尼说:"君子能中庸,小人违背中庸。君子之所以能中庸,是因为君子随时做到合度适中;小人之所以违背中庸,是因为小人无所顾忌肆意妄为。"

第三章

　　正因为中庸是最高的德行,所以难以把持。不偏不倚,无过无不及,在两端中寻求合度点,在动静云为中做到恰到好处,当然是很难的事。

子曰:"中庸其至矣乎①!民鲜能久矣②!"

【注释】

①至:极至,顶点。
②鲜(xiǎn):少,不多。

【译文】

孔子说:"中庸大概是最高最好的德行了吧!但人们很少能够做到,这种状况已经很久了!"

第四章

行是实践,明是认知。贤与不肖是对立的两种现象,智者做得过头,愚者做得不足,还是过与不及的问题。正因为要么太过,要么不及,所以,总是不能做得恰到好处。贤者与不肖者也如此。其根本在于认识,就好比人们每天都在吃喝,但却很少有人真正品出滋味一样,缺乏对道的真知。

子曰:"道之不行也①,我知之矣:知者过之②,愚者不及也。道之不明也,我知之矣:贤者过之,不肖者不及也③。人莫不饮食也,鲜能知味也④。"

【注释】
①道:指中庸之道。
②知:同"智"。过:超过限度。
③不肖者:指不贤的人。
④味:滋味。

【译文】
孔子说:"中庸之道不能实行的原因,我知道了:聪明的人自以为是,认识过了头;愚蠢的人智力不及,不能理解它。中庸之道不能彰显的原因,我知道了:贤能的人做得过了分,不贤的人又做不到。就像人们每天都要吃东西,但却很少有人能够真正品尝出滋味。"

第五章

朱熹说:"由不明,故不行。"由于对道的内容和重要性不了解,所以不能实行。

子曰:"道其不行矣夫①。"

【注释】

①其:表示推测的语气助词。夫(fú):语尾词,表示感叹。

【译文】

孔子说:"道大概不能实行了吧。"

第六章

　　舜所以大智,在于不自以为是而且善于向人学习,粗浅的言论都要听,听到不好的话不去计较,听到好的言论到处传播,这样光明正大的行为自然会感动人,谁不愿把真实情况告诉他呢?但听到真实情况还不够,还必须善于分析选择。执两用中,做到不偏不倚、无过无不及,真正恰到好处。选择好了,还要善于应用,这是一种大智慧。

子曰:"舜其大知也与①!舜好问而好察迩言②,隐恶而扬善,执其两端,用其中于民,其斯以为舜乎③!"

【注释】

①舜:古代帝王,名重华,史称虞舜。大知:有很高的才智。知,同"智"。
②迩言:浅近的话。
③其:语气词,表示推测。斯:这。

【译文】

孔子说:"舜可以说是具有大智慧的人吧!他喜欢向人请教问题,又善于从人们浅近平常的话语里分析其含义,不宣扬别人的恶言恶行,只表彰别人的嘉言善行,根据过与不及两端的情况,采纳中庸之道来治理百姓,这就是舜之所以成为舜的原因吧!"

第七章

自以为聪明，或好走极端，不知适可而止；或不知当进即进，萎缩不前，都不符合中庸之道，所以往往自陷罗网而自己却还不知道。那些选择中庸为立身之道的人，虽然知道适可而止的好处，但欲壑难填，好胜、攀比心切，结果是越走越远，无法做到持守。因此晓得了道理，还要坚持，"守"字可非同一般，要牢记，守得住，要百折不回，要用大定力。

子曰:"人皆曰予知①,驱而纳诸罟擭陷阱之中②,而莫之知辟也③。人皆曰予知,择乎中庸而不能期月守也④。"

【注释】

①予:我。知:同"智"。
②纳:原义为纳入,这里为落入之义。诸:"之于"的合音。罟(gǔ):捕兽的网。擭(huò):装有机关的捕兽的木笼。
③辟(bì):躲避,逃避。
④期(jī)月:一整月。

【译文】

孔子说:"人人都说自己聪明,可是被驱赶到罗网陷阱之中,却不知道如何躲避。人人都说自己聪明,可是选择了中庸之道,却连一个月也不能坚持下来。"

第八章

这是接着前一章而言的。作为孔子最好的弟子,颜回好学,"三月不违仁",仁便是善。而且在毅力方面有过人之处,《论语·雍也》中孔子说:"贤哉回也!一箪食,一瓢饮,在陋巷,人不堪其忧,回也不改其乐。贤哉回也!"这说明颜渊不为贫贱所移,能持守。

子曰:"回之为人也①,择乎中庸,得一善②,则拳拳服膺而弗失之矣③。"

【注释】

①回:指孔子的弟子颜回,字子渊,因此也称颜渊。
②善:好。
③拳拳:奉持不舍的样子。服膺:指牢记在心中。服,著,放置。膺,胸口。弗:不。

【译文】

孔子说:"颜回的处事为人是这样的,他选择中庸之道,得到了一种好的道理,便牢牢地记在心上,再也不让它失去。"

第九章

治理好国家天下并非很容易，历史上很多诸侯国失去国家就是例证。权力和俸禄是美事，很多人常常趋之若鹜，而有的人却能够辞让。面对锋利的刀刃，不退缩，敢于践踏而过。这些都需要大智大勇。而做到中庸那更是难上加难了。可见做到中庸是需要"威武不能屈，贫贱不能移"的毅力和勇气的。

子曰："天下国家可均也^①，爵禄可辞也^②，白刃可蹈也^③，中庸不可能也。"

【注释】

①天下：指古代天子管辖下的所有地区。国家：指天子分封的诸侯国。均：治理，平定。
②爵禄：爵位，俸禄。周代的爵位分公、侯、伯、子、男五等。辞：辞掉，放弃。
③白刃：闪着亮光的快刀。蹈：踩，踏。

【译文】

孔子说："天下国家是可以治理的，官爵俸禄是可以辞让的，锋利的刀刃是可以践踏而过的，但中庸却是不容易做到的。"

第十章

本章的核心还是讲"中庸"。

"宽柔以教，不报无道"说的是以宽和、柔顺的态度来教人，横逆之来，接受它，而不报复，这是南方之强。南方风气柔弱，以含忍之力胜人，如老子所主张的，这当然是君子行为。

北方风气刚烈强劲，以强力胜人，勇而好斗，这是强悍者行为。

前者似不及，后者似过。而孔子最贵的是中道，讲中道能达到和谐、和平，但又不同流俗，不人云亦云，能中立而不偏倚。不管在何种情况下，都能持守中道，这种人才能称得上强大。

子路问强①。子曰:"南方之强与?北方之强与?抑而强与②?宽柔以教,不报无道③,南方之强也,君子居之④。衽金革⑤,死而不厌⑥,北方之强也,而强者居之。故君子和而不流⑦,强哉矫⑧!中立而不倚,强哉矫!国有道,不变塞焉⑨,强哉矫!国无道,至死不变,强哉矫!"

【注释】

①子路:孔子的弟子,名仲由,字子路,又字季路。
②抑:选择性连词,意为"还是"。而:代词,你。
　与:疑问语气词。
③报:报复。无道:指强暴无理的人。
④居:处。
⑤衽(rèn):卧席,此处用为动词,躺卧之意。金:指铁制的兵器。革:指皮革制成的甲盾。
⑥死而不厌:死也在所不惜。
⑦和而不流:性情平和又不随波逐流。
⑧矫(jiǎo):坚强的样子。
⑨不变塞:不改变志向。塞,不通,穷困的境遇。

【译文】

子路问什么是强。孔子说:"你问的是南方的强呢?还是北方的强呢?或者是你认为的强呢?用宽厚柔和的精神去教育人,人家对我蛮横无礼也不报复,这是南方的强,品德高尚的人具有这种强。枕着兵器铠甲睡觉,即使死也在所不惜,这是北方的强,勇武好斗的人就具有这种强。

所以，品德高尚的人和顺而不随波逐流，这才是真强啊！保持中立而不偏不倚，这才是真强啊！国家政治清明，不改变志向，这才是真强啊！国家政治黑暗，能坚持操守至死不变，这才是真强啊！"

第十一章

把道理讲得玄而又玄,做出各种怪诞行为,这些欺世盗名的做法,根本不合中庸之道的规范,自然是圣人所不齿的。遵照正确的道路,走到一半又停止下来,这是不及的行为,也是圣人所不欣赏的。唯有持守中庸之道,不为名利所困扰,这才是圣人所赞赏并身体力行的。以上几章引述孔子的言论,反复申说首章所提出的"中和"(中庸)这一概念,弘扬中庸之道。

子曰:"素隐行怪①,后世有述焉②,吾弗为之矣③。君子遵道而行,半途而废,吾弗能已矣④。君子依乎中庸,遁世不见知而不悔⑤,唯圣者能之。"

【注释】
①素:据《汉书》应为"索",探索、寻求之意。隐:隐僻。怪:怪异。
②述:记述。
③弗:不。
④已:止,停止。
⑤遁世:避世隐居。见知:被知。见,被。

【译文】
孔子说:"探寻隐僻的道理,做些怪诞的事情,后世也许会有人来记述他,称赞他,但我决不会这样做。君子按照中庸之道去做,但是半途而废,不能坚持下去,而我是决不会停止的。真正的君子遵循中庸之道,即使隐遁在世间一生不被人知道,也决不后悔,这只有圣人才能做得到。"

第十二章

　　这一章又回到第一章"道不可离"之意，以下八章都是围绕这一中心而展开的。用朱熹的话来说，即"杂引孔子之言以明之"。

　　这里首先提出费、隐两个概念。费，指道的普遍性以及用途的广泛性。隐，指道体的精微性与隐秘性。正因为人与道不可须臾离开，所以，道就应该有普遍的可适应性，连普通男女都可以知道，可以学习，也可以践行。但是，知道是一回事，一般性地践行是一回事，要彻底了解，进入其高深境界，则又另当别论了。所以，道又必须有精微奥妙的一面，供人们进行深造，进行创造性的实践。道是普遍的，无法用大小衡量它，因它其大无外，其小无内，这就是费。但道之理，则隐而无现。所以圣人也有所不知不能。所以道是从普通男女间最基本人伦开始的，直到弥贯天地。

君子之道费而隐①。夫妇之愚②，可以与知焉③，及其至也④，虽圣人亦有所不知焉。夫妇之不肖，可以能行焉，及其至也，虽圣人亦有所不能焉。天地之大也，人犹有所憾⑤。故君子语大，天下莫能载焉；语小，天下莫能破焉⑥。《诗》云⑦："鸢飞戾天⑧，鱼跃于渊⑨。"言其上下察也⑩。君子之道，造端乎夫妇⑪，及其至也，察乎天地。

【注释】

①费：指用途广大。隐：指体的精微。
②夫妇：匹夫匹妇，指普通男女。
③与：动词，参与。
④至：极至，最精妙处。
⑤憾：遗憾，不满。
⑥破：分开。
⑦《诗》云：此诗引自《诗经·大雅·旱麓》。
⑧鸢（yuān）：鹰。戾：到达。
⑨跃：跳动。渊：深水。
⑩察：昭著，明显。
⑪造端：开始。

【译文】

君子坚守的道，用途广大而又体态精微。一般来说愚夫愚妇，也是可以知道的；但到了最精微的境界，即便是圣人也有弄不清的地方。普通男女虽然不贤明，也是可以实行君子之道的；但若是最精妙的境界，即便是圣人也有做不到的地方。天地如此之大,但人们对天地仍有不满足的地方。所以,君子说到"大",就大得连整个天下都载不下;君子说到"小",就小得连一点儿也分不开。《诗经·大雅·旱麓》说:"老鹰飞向天空,鱼儿跃入深渊。"这是说君子之道,和鹰飞鱼跃一样,由上到下,显明昭著。君子的道,是从普通的男女所能懂能行的地方开始;但到了最高深精妙的境界,却能够明察天地间的一切事物。

第十三章

　　道不可须臾离的基本条件是"道不远人"。因为人人按照自己本性行事，人人皆能知能行。就好比一条大道，所有的人都可以行走。相反，如果不从自己脚下走起，而是把道弄得离奇高远，道则无法实践了。用斧子砍一个斧把，样子就在你的手里，可你不正眼看它，还以为样子在很远的地方呢。所以君子只是从人身具有的本性出发，教化人，能改正错误就可以了。

　　那么人道是什么呢？如"忠恕"就是。它要求设身处地、将心比心地为他人着想，自己不愿意的事，也不要施加给他人。为人要先严格要求自己，像孔子那样从君臣、父子、兄弟、朋友四大人伦方面反省自己，从日常身边的言行做起，符合中道，不萎缩，不极端，言行一致，这就是一个很笃实的人啊。

子曰："道不远人。人之为道而远人,不可以为道。《诗》云①:'伐柯伐柯②,其则不远③。'执柯以伐柯,睨而视之④,犹以为远。故君子以人治人⑤,改而止。忠恕违道不远⑥,施诸己而不愿,亦勿施于人。君子之道四,丘未能一焉:所求乎子以事父,未能也;所求乎臣以事君,未能也;所求乎弟以事兄,未能也;所求乎朋友先施之,未能也。庸德之行⑦,庸言之谨⑧,有所不足,不敢不勉,有余不敢尽。言顾行,行顾言,君子胡不慥慥尔⑨?"

【注释】

①《诗》云:此诗引自《诗经·豳风·伐柯》。
②伐柯:砍削斧柄。柯,斧柄。
③则:法则。这里指斧柄的式样。
④睨(nì):斜视。
⑤以人治人:以人固有之道来治理人。朱熹注:"若以人治人,则所以为人之道各在当人之身,初无彼此之别。故君子之治人也,即以其人之道,还治其人之身。其人能改,即止不治。"
⑥违道:离道。违,离。
⑦庸德:平常的道德。
⑧庸言:平常的言语。
⑨胡:何,怎么。慥慥(zào):忠厚诚实的样子。

【译文】

孔子说:"道是不能离开人的。如果有人实行道却离开人，那就不可能实行道了。《诗经·豳风·伐柯》说：'砍削斧柄，砍削斧柄，斧柄的式样就在眼前。'握着斧柄砍削树木来做斧柄，应该说不会有什么差异，但如果你斜眼去看，还会以为差异很大。所以君子根据为人的道理来治理人，只要他能改正错误实行道就行。一个人做到忠恕，离道也就不远了。什么叫忠恕呢？自己不愿意的事，也不要施加给别人。君子的道有四项，我孔丘连其中的一项也没有能够做到：用我所要求儿子侍奉父亲的标准来孝顺父亲，我没有能够做到；用我所要求臣下服事君王的标准来竭尽忠诚，我没有能够做到；用我所要求的弟弟对哥哥做到的敬重恭顺，我没有能够做到；用我所要求朋友应该先做到的，我没有能够做到。实践平常的道德，谨慎平常的言论，还有不足的地方，不敢不再努力；言谈要留有余地，不说过头话。言论要符合自己的行为，行为要符合自己的言论，这样的君子怎么会不忠厚诚实呢！"

第十四章

　　这里讲的是儒家为己之学。"为己"就是要不断提升自己的道德品质,这是君子依靠自身的力量就能做到的。宋儒说命有两种,一是天赋的道德,人人都有,在于个人努力。一是富贵、贫贱、寿夭,也是天生的,有时靠努力也无法改变。所以君子要努力提升自己的道德,但对后一种天命只能不去计较,心安理得地对待它。

　　一个人生下来,会碰到许多先天条件,自己无法安排,可能遇到富贵,也可能遇到贫贱,也可能生在夷狄,也可能处于患难。无论条件怎么样,都要做自己该做的事。损害自己的道德,向上爬,有些不值得。处富贵者,不欺负人,处贫贱者,不攀附人,这样就不会遭到嫉妒和怨恨。不抱怨别人,也不抱怨客观环境,一如既往地做事,达不到目的反身求己,这样才是君子。

　　儒家的命定论,凸显道德、道义的至上性,使人适应环境,不那么患得患失,但忽略了社会环境的改造。实际上人的社会地位也是可以改变的,关键在于能否把握机遇和具有才智。但一切都要从自己现状出发,不能不切实际,好高骛远,自己折磨自己。

君子素其位而行①，不愿乎其外②。素富贵，行乎富贵；素贫贱，行乎贫贱；素夷狄③，行乎夷狄；素患难，行乎患难。君子无入而不自得焉④。在上位，不陵下⑤；在下位，不援上⑥。正己而不求于人，则无怨。上不怨天，下不尤人⑦。故君子居易以俟命⑧，小人行险以侥幸⑨。子曰："射有似乎君子⑩，失诸正鹄⑪，反求诸其身。"

【注释】

①素：平素，现在的意思。这里作动词用。

②愿：羡慕。

③夷：指东方的部族。狄：指西方的部族。泛指当时的少数民族。

④无入：无论处于什么情况下。

⑤陵：欺侮。

⑥援：攀援。本指抓着东西往上爬，引申为投靠有势力的人。

⑦尤：抱怨。

⑧居易：居于平易安全的境地，也就是安居现状的意思。俟（sì）命：等待天命。

⑨行险：冒险。

⑩射：指射箭。

⑪正鹄（gǔ）：指箭靶子中心的圆圈。画在布上的叫正，画在皮上的叫鹄。

【译文】

　　君子安于现在所处的地位去做应做的事，不羡慕这以外的事情。处于富贵的地位，就做富贵人应做的事；处于贫贱的状况，就做贫贱人应做的事；处于夷狄的地位，就做夷狄应做的事；处于患难之中，就做在患难之中应做的事。君子无论处于什么情况下都是安然自得的。处于上位，不欺侮在下位的人；处于下位，不攀援在上位的人。端正自己而不苛求别人，这样就不会有什么抱怨了。上不抱怨天，下不抱怨人。所以，君子安居现状来等待天命，小人却铤而走险妄图获得非分的东西。孔子说："君子立身处世就像射箭一样，射不中靶子，要回过头来寻找自身技艺的问题。"

第十五章

中庸,是平平常常的道理,融合于人们日用之中。一切从自己做起,从自己身边切近的地方做起。从近到远,从低到高,一步一步,踏踏实实。老子说:"千里之行,始于足下。"荀子说:"不积跬步,无以至千里;不积细流,无以成江海。"都是"行远必自迩,登高必自卑"的意思。

社会是由无数个家庭组成的,所以要在天下实行中庸之道,首先得和顺自己的家庭。家庭要想好,主要是要做到夫妻和睦,兄弟融洽,父母安康,这样家庭才会幸福、快乐。如果大家都像乌眼鸡似的,争争吵吵,即使富贵也不会快乐。这也是《大学》所讲的修、齐、治、平,循序渐进的道理。

君子之道，辟如行远必自迩①，辟如登高必自卑②。《诗》曰③："妻子好合④，如鼓瑟琴⑤。兄弟既翕⑥，和乐且耽⑦。宜尔室家⑧，乐尔妻帑⑨。"子曰："父母其顺矣乎⑩！"

【注释】

①辟：通"譬"。迩：近。
②卑：低处。
③《诗》曰：此诗引自《诗经·小雅·常棣》。
④好合：和睦。
⑤鼓：弹奏。
⑥翕（xī）：和顺，融洽。
⑦耽：《诗经》原作"湛"，安乐。
⑧宜：安。
⑨帑（nú）：通"孥"，儿女。
⑩顺：安乐舒畅。

【译文】

　　君子实行中庸之道，就像走远路一样，必定要从近处开始；就像登高山一样，必定要从低处起步。《诗经·小雅·常棣》说："与妻子和和睦睦，就像弹琴鼓瑟一样。兄弟关系融洽，和顺又快乐。使你的家庭美满，使你的妻子儿女幸福。"孔子赞叹说："这样，父母也就称心如意了啊！"

第十六章

　　这一章借鬼神来说明道，道是无所不在的，道是真实无妄的，道是"不可须臾离"的，人们必须用诚心对待它。
　　另一方面，也是照应前第十二章，说明"君子之道费而隐"，广大而又精微。看不见、听不到的，是"隐"，是精微；但它却体现在万物之中使人无法离开它，是"费"，是广大。这就是"至广大而尽精微"。

子曰:"鬼神之为德①,其盛矣乎!视之而弗见,听之而弗闻,体物而不可遗②。使天下之人,齐明盛服③,以承祭祀,洋洋乎④!如在其上,如在其左右。《诗》曰⑤:'神之格思⑥,不可度思⑦,矧可射思⑧。'夫微之显⑨,诚之不可掩如此夫⑩!"

【注释】

①神:这里讲的大概是人格神,但宋儒张载却说:"鬼神者,二气之良能也。"朱熹说:"鬼神,天地之功用,而造化之迹也。"又说:"以二气言,则鬼者阴之灵也,神者阳之灵也。以一气言,则至而伸者为神,反而归者为鬼,其实一物而已。"把鬼神气化,说成气的功效。为德:朱熹说:"犹言性情功效。"

②体物:体察、生养万物。

③齐:通"斋",斋戒。明:洁净。盛服:即盛装。

④洋洋乎:流动充满之意。

⑤《诗》曰:此诗引自《诗经·大雅·抑》。

⑥格思:来临。思,语气词。

⑦度:揣度。

⑧矧(shěn):况且。射(yì):《诗》作"致",厌,指厌怠不敬。

⑨微之显:指鬼神之事即隐微又明显。

⑩掩:掩盖,遮掩。

【译文】

孔子说:"鬼神所做的功德那可真是大得很啊!虽然看

它也看不见,听它也听不到,但它的功德却体现在万物上无所遗漏。使天下的人都斋戒净心,穿着庄重整齐的服装来祭祀它,这时鬼神的形象流动充满其间,好像就在你的头上,好像就在你的左右。《诗经·大雅·抑》说:'神的降临,不可测度,怎么能够怠慢不敬呢?'鬼神从隐微到功德显著,是这样的真实无妄而不可掩盖啊!"

第十七章

　　孝是最基本的德行,儒家认为推行孝于天下就是为政。《论语·为政》有"或谓孔子曰:'子奚不为政?'子曰:'《书》云:孝乎惟孝,友于兄弟,施于有政。是亦为政,奚其为为政?'"本篇思想和孔子思想一脉相通。

　　舜遇到了可怕的家庭环境,父亲不喜欢他,弟弟要害他,但舜没有放弃孝德和友爱。由于道德高尚被看成圣人,不仅如此,还获得了至高的地位和与四海相比的财富,本人的生命也得到了延长,传说活到一百一十岁,位、禄、名、寿都得到了。作者认为自然规律必然如此,天是生物的,但必须因其材质而下功夫,能生的才能培植,不能生的自然覆灭。《诗经》里早就说过,那些有美好德行的人,会为民众做好事,所以也会得到天的保佑。因此有大德的人必然获得至高无上的权位。

　　在这里,作者突出道德的至上性,但并不排除权力、名位、财富、福禄、长寿等世俗人们所倾慕的东西,只不过和德行连在了一块。

　　对"大德者必受命"这个结论,后儒提出许多怀疑,他们以孔子为例,孔子是有"大德"的人,并没有获得最高的权力地位。对此疑问,虽说也有人百般打圆场,但也无法释疑。

子曰:"舜其大孝也与!德为圣人,尊为天子,富有四海之内,宗庙飨之①,子孙保之②。故大德必得其位,必得其禄,必得其名,必得其寿。故天之生物,必因其材而笃焉③。故栽者培之④,倾者覆之⑤。《诗》曰⑥:'嘉乐君子⑦,宪宪令德⑧。宜民宜人,受禄于天。保佑命之,自天申之⑨。'故大德者必受命。"

【注释】

①宗庙:古代天子、诸侯祭祀先王的地方。飨(xiǎng):一种祭祀形式。之:代词,指舜。
②子孙:指舜的后代虞思、陈胡公等。
③材:资质,本质。笃:厚。
④培:培育。
⑤覆:倾覆,摧败。
⑥《诗》曰:此诗引自《诗经·大雅·假乐》。
⑦嘉乐:今本《诗经》作"假乐"。假(xiá),意为美善。
⑧宪宪:今本《诗经》作"显显"。显显,显明兴盛的样子。令德:美好的德行。
⑨申:重申。

【译文】

孔子说:"舜可以说是个大孝之人了吧!论德行他是圣人,论地位他是尊贵的天子,论财富他拥有整个天下,后世在宗庙里祭祀他,子子孙孙都保持他的功业。所以,有大德的人必定得到他应得的地位，必定得到他应得的财富，必定得到他应得的名声，必定得到他应得的寿数。所以，上天生养万物，必定根据它们的资质而厚待它们。能成材的得到培育，不能成材的就遭到淘汰。《诗经·大雅·假乐》说：'高尚优雅的君子，有光明美好的德行。让人民安居乐业，享受上天赐予的福禄。上天保佑他，任用他，给他以重大的使命。'所以，有大德的人必会承受天命。"

第十八章

本篇有三个层次。

由舜讲到周代,作者认为周代先王积德累仁,特别是文王更为突出。这是第一个层次。

至武王,虽说以武力获得天下,但名望并没有丧失,获得了尊荣、权位、财富,以及子孙长久的祭祀。这是第二个层次。

周公是第三个层次。周公成就了文王、武王的事业,制礼作乐,从天子推及到普通百姓。通篇都是讲德,和上文"大德必得其位"相通,核心还是同孝相连。

子曰:"无忧者其惟文王乎①!以王季为父②,以武王为子③;父作之④,子述之⑤。武王缵大王、王季、文王之绪⑥,壹戎衣而有天下⑦。身不失天下之显名,尊为天子,富有四海之内,宗庙飨之,子孙保之。武王末受命⑧,周公成文武之德⑨,追王大王、王季⑩,上祀先公以天子之礼。斯礼也,达乎诸侯大夫,及士庶人。父为大夫,子为士,葬以大夫,祭以士。父为士,子为大夫,葬以士,祭以大夫。期之丧⑪,达乎大夫。三年之丧,达乎天子。父母之丧,无贵贱一也。"

【注释】

①文王:指周文王。

②王季:周文王的父亲,名季历,周武王即位,封为王季。

③武王:周文王的儿子,名发,谥号武。

④作:创业。

⑤述:继承。

⑥缵(zuǎn):继续。大王:太王,即王季的父亲古公亶父。绪:事业。

⑦壹戎衣:一著戎衣以讨伐商纣。

⑧末:晚年。

⑨周公:周武王的弟弟,名旦,辅武王伐纣。成文武之德:成就了文王、武王的德业。

⑩追王(wàng):追尊……为王。

⑪期（jī）之丧：指一年的守丧之期。

【译文】

孔子说："没有忧愁的人，大概只有周文王了吧！他有王季这样的父亲，有武王这样的儿子；父亲开创了帝王的基业，儿子继承了他的事业。武王继承了太王古公亶父、王季、周文王的功业，身着战袍讨伐商纣王，一举夺取了天下。他本身没有失掉显扬天下的美名，成为尊贵的天子，拥有四海之内的疆土，社稷宗庙祭祀他，子子孙孙永保周朝王业。武王晚年才承受天命，及至周公才成就了文王、武王的德业，追尊太王、王季为王，又用天子之礼祭祀历代祖先。而且将这种礼制，推行到诸侯、大夫、士和庶人。按照这种礼制，如果父亲身为大夫，儿子身为士，父亲死后，用大夫礼安葬，用士礼祭祀。如果父亲身为士，儿子身为大夫，父亲死后，就用士礼安葬，用大夫礼祭祀。服丧一周年的丧制，从平民通行到大夫为止。服丧三年的丧制，从庶民一直通行到天子。为父母服丧，不论身份贵贱，服期都是一样的。"

第十九章

这里仍接上章,说文王、武王是大孝。孝的最重要特点是能继承先人遗志,把先人事业发展下去。《论语·学而》:"子曰:'父在,观其志;父没,观其行;三年无改于父之道,可谓孝矣。'"《论语·子张》:"曾子曰:'吾闻诸夫子,孟庄子之孝也,其他可能也;其不改父之臣与父之政,是难能也。'"都是讲继承遗志。

这里所不同的是突出祭祀礼乐,"慎终追远,民德归厚"(《论语·学而》),以孝治天下,治国就像看自己手掌那么容易。《论语·八佾》:"或问禘之说。子曰:'不知也。知其说者之于天下也,其如示诸斯乎!'指其掌。"这里正好借用了这一思想。

子曰:"武王、周公,其达孝矣乎①!夫孝者:善继人之志,善述人之事者也。春秋修其祖庙②,陈其宗器③,设其裳衣④,荐其时食⑤。宗庙之礼,所以序昭穆也⑥;序爵⑦,所以辨贵贱也;序事⑧,所以辨贤也;旅酬下为上⑨,所以逮贱也⑩;燕毛⑪,所以序齿也。践其位,行其礼,奏其乐,敬其所尊,爱其所亲,事死如事生,事亡如事存,孝之至也。郊社之礼,所以事上帝也。宗庙之礼,所以祀乎其先也。明乎郊社之礼、禘尝之义⑫,治国其如示诸掌乎⑬!"

【注释】

①达孝:天下人通认为他孝。达,通。

②春秋:本指季节,此指祭祀祖先的时节。

③陈其宗器:陈列先世所藏之重器,如赤刀、大训、天球、河图之属。

④裳衣:先祖遗留的衣服。

⑤荐其时食:进献时令食品。

⑥昭穆:宗庙中神主排列的次序,一般始祖居中,以下父子按左昭右穆顺序排列。

⑦序爵:依照爵位高低排列。

⑧序事:排列宗祝有司的职事。

⑨旅酬:众人举杯劝酒。旅,众。酬,以酒相劝。

⑩逮贱:祖先的恩惠下达到卑贱者。

⑪燕毛:宴饮时,依照毛发的颜色区分长幼的次序。

燕，同"宴"。
⑫禘（dì）尝：此代指四时祭祀。禘，天子宗庙举行的隆重祭礼。尝，秋祭。
⑬示诸掌：看视放置在手掌上的东西，指容易看见。示，通"视"。

【译文】

孔子说："周武王和周公，天下人都认为他们是最孝的人了吧！这样的孝，指的是善于继承先人的遗志，善于继承先人未竟的事业。每逢春秋举行祭祀之时，修整祖庙，陈列祖先遗留的重器，摆设先人的衣裳，供奉时令食品。宗庙中的祭礼，是用以序列左昭右穆各个辈分的；序列爵位，是用以辨别身份贵贱的；安排祭祀中各种职事，是用以判断子孙才能的；祭后众人轮流举杯劝酒时，晚辈向长辈敬酒，是用以显示先祖的恩惠下达到地位低贱者的身上的；祭毕宴饮时，依照头发的黑白来排列座次，是用以区分长幼次序的。供奉好先王的牌位，举行先王留下的祭礼，演奏先王时代的音乐，敬重先王所尊敬的人，爱护先王所爱的子孙臣民，侍奉死者如同他在世时一样，侍奉亡故的如同他活着时一样，这就是孝道的极至了。祭祀天地的礼节，是用来侍奉上帝的。祭祀宗庙的礼节，是用来祭祀自己祖先的。明白了祭天祭地的礼节和四时举行禘尝诸祭的意义，那么治理国家就如同观看手掌上的东西一样清楚简易了。"

第二十章

　　这一章是《中庸》全篇的重点,接续前章,分几个层次:首先从鲁哀公问政入手,借孔子的回答提出了为政准则——文武之道。讨论了政事与人的关系,认为人的关键是道德修养,提出了德的内涵:仁、义、礼、智。并认为四者来源于天,是自然的道德法则。从而推导出天下人共有的君臣、父子、夫妇、兄弟、朋友五达道,突出了实践此达道的智仁勇三达德。这使人想到《论语·子罕》中孔子所说的"知者不惑,仁者不忧,勇者不惧"。又从知行关系,论述如何学习实践三达德。提出生知、学知、困知;安行、利行、勉行三个等次,用孔子的话讲明好学、力行、知耻问题,认为知道这些,才知道如何修身,也知道了治人和治理天下国家的道理。"或生而知之,或学而知之,或困而知之,及其知之一也"这一思想来源于孔子,《论语·季氏》就有:"孔子曰:'生而知之者上也,学而知之者次也;困而学之,又其次也;困而不学,民斯为下矣。'"不过这里不同的是增加了行的内容。

　　其次,接上文提出了治理天下国家的九条原则,讨论了九条原则的重要性,以及如何实现九条原则。认为关键在于一个"诚"字。这和《大学》修齐治平有一致处。

　　再次,由诚引出天道和人道,圣人和凡人的问题。认为天道就是诚,即真实无妄。圣人和天道同一,是自然之诚。圣人不用勉力,不用思考,就可以从从容容达到中道。而人道往往不诚,必须经过自反,关键在于"择善而固执",即紧紧抓住一个"善"字。善当然包括仁义礼智四德。一般人,也就是学知、困知、利行、勉行之人，在学习时，要注意学、问、思、辨、行这些学习环节和原则，学要能够掌握，否则不停止。自己不知的要问别人，没有问明白不停止。问了以后要思考，没有自己的体会不停止。当然还要反复问辨，没有明确答案不停止。弄明白了，还要实行，不做到扎扎实实不停止。用比别人百倍的力量去做，即使愚蠢、柔弱，也会明智，也会坚强起来。强调学习必须靠毅力来完成。后来《荀子·劝学》里的名言"锲而舍之，朽木不折；锲而不舍，金石可镂"，正是这种"人一能之，己百之；人十能之，己千之"的精神。学问思辨行，是历史上著名的学习原则和方法，《论语·子张》中也有雏形思想，如子夏说："博学而笃志，切问而近思，仁在其中矣。"就同学问思辨行大体相类，不过同前面一样，《中庸》增加了力行的内容，而且内容更加丰富全面。

本章还有一些内容要进一步申明。文章首先谈的是政治问题。中国一直是一个政治型的社会，政治在社会生活中具有头等重要的地位，也是儒学探讨的头等话题。孔子把政治比作芦苇，取的是它推广迅速。孔子提出"为政在人"、人存政举、人亡政息的问题，的确政治往往随执政者不同而改变。强调执政者的修养，的确执政者修养不仅关乎政治成败，还关乎人民祸福。

其次提到的是五伦关系，今天除无君臣关系外，其他几项关系依然都是不能或缺的，有的还血肉相连，不可分割，这都提醒我们要正确处理而不可忽视。至于处理这几项关系的三种德行，智、仁当然是不言而喻的，而"知耻近乎勇"一点，值得多说几句。孟子说："羞耻之心，人皆有之。"有了知耻心，才能有所不为，才能改正错误；弥补自己不足，才能迎头赶上他人，所以说"知耻近乎勇"。一个人如此，一个民族、一个国家，只有知道羞耻，才能够发愤图强，富民兴邦，自立于世界民族之林。

再次,关于预见性问题。"凡事豫则立,不豫则废。言前定则不跆,事前定则不困,行前定则不疚,道前定则不穷"。这实在是太重要了。未雨绸缪,防患于未然,是做任何事都必须考虑的,事后诸葛亮并不高明,有前瞻性谋划,才是智者。

哀公问政①。子曰:"文武之政,布在方策②。其人存③,则其政举;其人亡,则其政息④。人道敏政⑤,地道敏树。夫政也者,蒲卢也⑥。故为政在人,取人以身,修身以道,修道以仁。仁者,人也,亲亲为大⑦。义者,宜也,尊贤为大。亲亲之杀⑧,尊贤之等,礼所生也。(在下位不获乎上,民不可得而治矣⑨。)故君子不可以不修身。思修身,不可以不事亲;思事亲,不可以不知人;思知人,不可以不知天。"

【注释】

①哀公:春秋时鲁国国君。姓姬,名蒋。"哀"为谥号。
②布:陈列。方:书写用的木板。策:书写用的竹简。
③其人:指文王、武王。
④息:灭,消失。
⑤敏:迅速。指各种政策的快速推行。
⑥蒲卢:即芦苇。芦苇性柔而生长迅速。
⑦亲亲:前者为动词,作亲爱解;后者是名词,指亲人,如父母等。
⑧杀(shài):等差。
⑨在下位不获乎上,民不可得而治矣:郑玄说:"此句在下,误重在此。"郑说是,当删。

【译文】

鲁哀公向孔子询问政治。孔子说:"周文王、周武王的政治措施,都记载在典籍上了。这样的贤人在世,这些政事就能实施;他们去世,这些政事也就废弛了。贤人治理国家,政事就能迅速推行;沃土植树,树木就能快速生长。政事就像芦苇生长一样快速容易。所以处理好政事完全取决于用什么人,要得到适用的人在于修养自身,修养自身在于遵循道德,遵循道德要以仁为本。仁,就是人自身具有爱人之心,亲爱亲人是最大的仁。义,就是事事做得适宜,尊重贤人是最大的义。亲爱亲人要分亲疏,尊重贤人要有等级,这就产生了礼。所以,君子不可以不修身。想要修身,不能不侍奉父母亲人;要侍奉父母亲人,不能不了解人;想要了解人,不能不知道天理。"

天下之达道五①,所以行之者三。曰君臣也,父子也,夫妇也,昆弟也②,朋友之交也:五者,天下之达道也。知、仁、勇三者,天下之达德也③,所以行之者一也。或生而知之,或学而知之,或困而知之,及其知之一也。或安而行之,或利而行之,或勉强而行之,及其成功一也。子曰:"好学近乎知,力行近乎仁,知耻近乎勇。知斯三者,则知所以修身;知所以修身,则知所以治人;知所以治人,则知所以治天下国家矣。"

【注释】

①达道:天下古今共同遵循的道理。
②昆弟:兄和弟,也包括堂兄堂弟。
③达德:天下古今共同具备的德性。

【译文】

天下共通的人伦大道有五条,用来实行这五条人伦大道的德行有三种。君臣之道、父子之道、夫妇之道、兄弟之道、朋友之道,这五项是天下共通的大道。智、仁、勇三种是天下共通的品德,用来履行这五条人道,这三种品德的实施效果都是一致的。对这些道理,有的人生来就知晓,有的人通过学习才知晓,有的人经历了困苦才知晓,但只要他们最终都知道了,也就是一样的了。对于这些道理的实行,有的人心安理得地去做,有的人因为名利去做,有的人被迫勉强去做,但只要他们最终都做成了,也就是一样的了。孔子说:"爱好学习就接近智了,努力行善就接近仁了,知道羞耻就接近勇了。知道这三点,就知道怎样修养自己;知道怎样修养自己,就知道怎样治理他人;知道怎样治理他人,就知道怎样治理天下和国家了。"

凡为天下国家有九经①,曰:修身也,尊贤也,亲亲也,敬大臣也,体群臣也②,子庶民也③,来百工也④,柔远人也⑤,怀诸侯也⑥。修身则道立,尊贤则不惑,亲亲则诸父昆弟不怨,敬大臣则不眩⑦,体群臣则士之报礼重⑧,子庶民则百姓劝⑨,来百工则财用足,柔远人则四方归之,怀诸侯则天下畏之。

【注释】

①为:治理。九经:九条准则。

②体:体察,体恤。
③子庶民:以庶民为子,如父母爱其子。
④来:招来。百工:各种工匠。
⑤柔远人:优待边远地方来的人。
⑥怀:安抚。
⑦不眩:不迷惑。
⑧报:回报。
⑨劝:勉励。

【译文】

凡是治理天下国家有九条原则。那就是:修养自身,尊重贤人,亲爱亲人,敬重大臣,体恤群臣,爱民如子,招纳工匠,优待远客,安抚诸侯。修养自身,就能确立正道;尊重贤人,就不会思想困惑;亲爱亲族,就不会惹得叔伯兄弟怨恨;敬重大臣,就不会遇事迷惑;体恤群臣,士人们的回报就会更加厚重;爱民如子,老百姓就会努力工作;招纳工匠,财物就会充足;优待远客,四方之人就会归顺;安抚诸侯,天下的人就会敬畏了。

齐明盛服①,非礼不动,所以修身也。去谗远色②,贱货而贵德,所以劝贤也。尊其位,重其禄,同其好恶,所以劝亲亲也。官盛任使③,所以劝大臣也。忠信重禄,所以劝士也。时使薄敛④,所以劝百姓也。日省月试⑤,既廪称事⑥,所以劝百工也。送往迎来,嘉善而矜不能⑦,所以柔远人也。继绝世⑧,举废国⑨,治乱持危⑩,朝聘以时⑪,厚往而薄来，所以怀诸侯也。

【注释】

①齐明盛服：斋戒沐浴，使身心洁净，身穿盛装。齐，通"斋"。
②谗：说别人的坏话。这里指说坏话的人。
③官盛任使：官员众多，足够听任差遣使用。
④时使：指役使百姓不误农时。薄敛：赋税轻。
⑤省（xǐng）：省察。试：考核。
⑥既廪（xì lǐn）称事：发给的薪水粮米与工作业绩相称。既廪，即"饩廪"，指薪水粮食。称，符合。
⑦矜：怜悯，同情。
⑧继绝世：延续已经中断的家庭世系。
⑨举废国：复兴已经没落的邦国。
⑩持：扶持。
⑪朝聘：诸侯定期朝见天子。每年一见叫小聘，三年一见叫大聘，五年一见叫朝聘。

【译文】

像斋戒那样净心虔诚，穿着庄重整齐的服装，不符合礼仪的事坚决不做，这就是修养自身的原则。驱除小人，疏远女色，看轻财物而重视德行，这就是尊崇贤人的原则。提高亲族的爵位，给他们以丰厚的俸禄，与他们爱憎相一致，这就是亲爱亲族的原则。官员众多足供任使，这就是劝勉大臣的原则。真心诚意地任用他们，并给他们丰厚的俸禄，这就是奖劝士人的原则。使民服役不误农时，少收赋税，这就是勉励百姓的原则。每天省察，每月考核，付给他们的薪水粮米与他们的业绩相称，这就是奖劝工匠的原则。来时欢迎，去时欢送，嘉奖有善行的人，怜恤能力差的人，这就是优待远客的原则。延续绝嗣的家族，复兴废亡的小国，治理祸乱，扶持危弱，按时接受诸侯朝见聘问，赠送丰厚，纳贡菲薄，这就是安抚诸侯的原则。

凡为天下国家有九经①，所以行之者一也。凡事豫则立②，不豫则废。言前定则不跲③，事前定则不困，行前定则不疚④，道前定则不穷。

【注释】

①九经：九条常规。

②豫：预备，准备。

③跲（jiá）：绊倒。此处指说话不顺畅。

④疚：惭愧。

【译文】

总而言之，治理天下和国家有九条原则，但实行这些原则的方法却只有一个。任何事情，事先有准备就会成功，没有准备就会失败。说话先有准备，就不会语言不畅；做事先有准备，就不会出现困窘；行动先有准备，就不会后悔；道路预先选定，就不会走投无路。

在下位不获乎上，民不可得而治矣。获乎上有道：不信乎朋友，不获乎上矣。信乎朋友有道：不顺乎亲,不信乎朋友矣。顺乎亲有道:反诸身不诚,不顺乎亲矣。诚身有道:不明乎善,不诚乎身矣。

【译文】

在下位的人,如果得不到在上位人的信任,就不可能治理好民众。得到在上位人的信任是有规则的:得不到朋友的信任,就得不到在上位人的信任。得到朋友的信任是有规则的:不能让父母顺心,就得不到朋友的信任。让父母顺心是有规则的:反省自己不真诚,就不能让父母顺心。使自己真诚是有规则的:不明白什么是善,就不能够使自己真诚。

诚者,天之道也;诚之者,人之道也。诚者,不勉而中,不思而得,从容中道,圣人也。诚之者,择善而固执之者也。博学之,审问之①,慎思之,明辨之②,笃行之③。有弗学④,学之弗能弗措也⑤;有弗问,问之弗知弗措也;有弗思,思之弗得弗措也;有弗辨,辨之弗明弗措也;有弗行,行之弗笃弗措也。人一能之,己百之;人十能之,己千之。果能此道矣,虽愚必明,虽柔必强。

【注释】

① 审问:审慎地探问。
② 明辨:明晰地分辨。
③ 笃行:笃实地履行。

④弗：不。

⑤弗措：不罢休，不停止。

【译文】

真诚，是上天的原则；追求真诚，是做人的原则。天生真诚的人，不用勉强就能做到，不用思考就能拥有，从从容容就能符合中庸之道，这是圣人啊。努力做到真诚的人，就是选择好善的目标执著追求的人。广泛学习，详细询问，周密思考，明确辨别，切实实行。要么不学，学了没有学会绝不罢休；要么不问，问了没有明白绝不罢休；要么不想，想了没有所得绝不罢休；要么不分辨，分辨了没有明确绝不罢休；要么不实行，实行了没有笃实绝不罢休。别人用一分的努力就能做到的，我用一百分的努力去做；别人用十分的努力做到的，我用一千分的努力去做。如果真能够做到这样，虽然愚笨也一定可以聪明起来，虽然柔弱也一定可以刚强起来。

第二十一章

"诚"就是真实无妄。从诚开始,便具有善,这是先天的性,和圣人对应。而一般人先明乎善,而后使善真实无妄,这是后天教育的结果。无论是先天的性还是后天人为的教育,只要做到了真诚,二者也就合一了。

自诚明①,谓之性;自明诚,谓之教。诚则明矣②,明则诚矣。

【注释】
①自:从,由。明:明白。
②则:即,就。

【译文】
由真诚而自然明白道理,这叫做天性;由明白道理后做到真诚,这叫做人为的教育。真诚也就会自然明白道理,明白道理后,也就会做到真诚。

第二十二章

　　知道了性，还要尽性。真诚者能把自己善性发挥到极处，以这样态度关怀人，也会使别人善性发挥到极处。万物也会得到关照，也会得其所，遂其生。这样，人类就可以帮助天地化育，使自己立于与天地并列为三的不朽地位。

唯天下至诚，为能尽其性①；能尽其性，则能尽人之性；能尽人之性，则能尽物之性；能尽物之性，则可以赞天地之化育②；可以赞天地之化育，则可以与天地参矣③。

【注释】
①尽其性：充分发挥本性。
②赞：赞助。化育：化生和养育。
③与天地参：朱熹注："谓与天地并立为三也。"

【译文】
只有天下极其真诚的人，才能充分发挥他的本性；能充分发挥他的本性，就能充分发挥众人的本性；能充分发挥众人的本性，就能充分发挥万物的本性；能充分发挥万物的本性，就可以帮助天地化育生命；能帮助天地化育生命，就可以与天地并列为三了。

第二十三章

上章谈的是圣人,这章说的是一般的人。"曲"为一偏,也就是指贤人以下的人某一方面的善性,如对此能真诚发挥,就会充分表露,而且越来越光明显著,从而进一步凝聚感动他人的力量,感化他人向善,这样也就可以和圣人一样了。

其次致曲①，曲能有诚，诚则形②，形则著③，著则明④，明则动，动则变，变则化⑤，唯天下至诚为能化。

【注释】

①其次：次一等的人，即次于"自诚明"的圣人的人，也就是贤人以下之人。致曲：致力于某一方面的善端。曲，偏，一个方面。
②形：这里指显露、表现。
③著：显著。
④明：光明。
⑤化：即化育。

【译文】

一般的人致力于某一个善端，致力于某一个善端，也就能做到真诚。做到了真诚就会表现出来，表现出来就会逐渐显著，显著了就会发扬光大，发扬光大就会感动他人，感动他人就会引起转变，引起转变就能化育万物，只有天下最真诚的人能化育万物。

第二十四章

　　心诚则灵。灵到能预知未来吉凶祸福的程度，这似乎有些夸大。"国家将兴，必有祯祥；国家将亡，必有妖孽"的现象，虽然历代的正史野史记载很多，但毕竟有点神秘。其实，撩开神秘的迷雾，这里的意思不外乎是说，由于心灵达到了至诚的境界，不被私心杂念所迷惑，就能洞悉世间万物的根本规律，因此而能够预知未来的吉凶祸福、兴亡盛衰。一言以蔽之，无非是强调真诚的出神入化的功用罢了。

至诚之道，可以前知①。国家将兴，必有祯祥②；国家将亡，必有妖孽③。见乎蓍龟④，动乎四体⑤。祸福将至：善，必先知之；不善，必先知之。故至诚如神⑥。

【注释】

①前知：预先知道。

②祯（zhēn）祥：吉祥的预兆。

③妖孽：物类反常的事物。草木之类称妖，虫豸之类称孽。

④见（xiàn）：同"现"，呈现。蓍（shī）龟：蓍草和龟甲，用来占卜。

⑤四体：四肢。

⑥如神：像鬼神一样微妙，不可言说。

【译文】

最高的真诚，可以预知未来。国家将要兴旺，必然有吉祥的征兆；国家将要衰亡，必然有不祥的反常现象。呈现在蓍草龟甲上，表现在手脚动作上。祸福将要来临时：是福，可以预先知道；是祸，也可以预先知道。所以最高的真诚就像神灵一样微妙。

第二十五章

　　儒家强调道德自我觉醒。人要真诚,要自觉地行道。真实,从自然的方面来说,是事物的根本规律,是事物的发端和归宿;真诚,从人的方面来说,是自我的内心完善。所以,要修养真诚就必须做到物我同一。
　　这里最值得注意的是真诚的外化问题,也就是说,真诚不仅仅像我们一般所理解的是一种主观内在的品质,自我的道德完善,而且还要外化到他人和一切事物当中去。这叫"合外内之道"。自己真诚了,他人真诚了,真诚无处不在,无时不有,世界也就美好无欺了。自己要真诚的东西最主要的是仁和智两种品德,都是靠诚来发用,因时而措之,天下万物都会停停当当,妥妥帖帖。

诚者自成也①，而道自道也。诚者物之终始，不诚无物。是故君子诚之为贵。诚者，非自成己而已也②，所以成物也。成己，仁也；成物，知也③。性之德也，合外内之道也，故时措之宜也④。

【注释】
①自成：自我成全，也就是自我完善的意思。
②成己：完善自己。
③知：同"智"。
④时措：适时实施。宜：适宜。

【译文】
真诚是自我完善的，道是自己运行的。真诚是事物的发端和归宿，没有真诚就没有了事物。因此君子以真诚为贵。不过，真诚并不是自我完善就够了，而是还要完善事物。自我完善是仁，完善事物是智。仁和智是出于本性的德行，是融合自身与外物的准则，所以适时施行才是合宜的。

第二十六章

　　本章先是说人，尤其圣人。圣人是至诚的，最大真诚是永远不会间断的。不间断就能持久，内心长久如此，就会发于外，就会久远。长期积累，就会博厚，进到高明境界，从而可以和天地相比，承载万物，覆盖万物。说到底，还是强调由真诚的追求而达到与天地并列为三，从而化生万物的终极目的。

　　其次讲天地。天地生物之道和圣人是一样的，都是真实无妄的。天地也展现了博厚、高明、悠久，所以圣人是和天地同德的。

　　最后引诗颂扬文王的道德是真纯的，发用是不停止的，和天道是相通的。这实际上把人的作用提升了，由被动的适应自然转为主动的配合自然。

故至诚无息①。不息则久，久则征②，征则悠远，悠远则博厚，博厚则高明。博厚，所以载物也③；高明，所以覆物也④；悠久，所以成物也⑤。博厚配地，高明配天，悠久无疆⑥。如此者，不见而章⑦，不动而变，无为而成。

【注释】
①无息：不间断，不休止。
②征：征验，显露于外。
③载物：负载万物。
④覆物：覆盖万物。
⑤成物：成就万物。
⑥无疆：没有尽头。
⑦见（xiàn）：同"现"，显现。章：彰明。

【译文】
所以，至诚是没有止息的。没有止息就会保持长久，保持长久就会显露出来，显露出来就会悠久长远，悠久长远就会广博深厚，广博深厚就会高大光明。广博深厚，能以承载万物。高大光明，能以覆盖万物；悠远长久，能以成就万物。广博深厚可以与地相配，高大光明可以与天相配，悠远长久则是永无止境。达到这样的境界，不显现也会自然明显，不运动也会自然变化，无所作为也会有所成就。

天地之道，可一言而尽也①：其为物不贰②，则其生物不测③。天地之道：博也，厚也，高也，明也，悠也，久也。今夫天，斯昭昭之多④，及其无穷也，日月星辰系焉，万物覆焉。今夫地，一撮土之多，及其广厚，载华岳而不重⑤，振河海而不泄⑥，万物载焉。今夫山，一卷石之多⑦，及其广大，草木生之，禽兽居之，宝藏兴焉。今夫水，一勺之多，及其不测⑧，鼋鼍蛟龙鱼鳖生焉⑨，货财殖焉。

【注释】

①一言：即一字。这里指"诚"字。
②物：指天地。不贰：只是一个。这里指只有一个天地。
③物：指万物。不测：不可测度。这里指生物之多。
④斯：此。昭昭：光明的样子。
⑤华岳：即华山。
⑥振：整顿，整治，引申为约束。
⑦一卷（quán）石：一拳头大的石头。卷，通"拳"。
⑧不测：不可测度。这里指浩瀚无涯。
⑨鼋（yuán）：大鳖。鼍（tuó）：扬子鳄。

【译文】

天地的法则，可以用一个"诚"字就概括尽了：作为天地没有两个，而它生成万物则是不可计算的。天地的法则：就是广博、深厚、高大、光明、悠远、长久。今天我们所说的天，从小处看只是一点点的光明，可到它无边无际时，日月星辰都靠它维系，世上万物都靠它覆盖。今天我们所说的地，从小处看只是一撮土，可到它广博深厚时，承载像华山那样的崇山峻岭也不觉得重，容纳那众多的江河湖海也不会泄漏，世上万物都由它承载。今天我们所说的山，从小处看只是拳头大的石块，可到它高大无比时，草木在上面生长，禽兽在上面居住，宝藏在里面储藏。今天我们所说的水，从小处看只是一勺之多，可到它浩瀚无涯时，鼋鼍蛟龙鱼鳖等都在里面生长，各种有价值的东西都在里面繁殖。

《诗》云①："维天之命，於穆不已②！"盖曰天之所以为天也。"於乎不显③，文王之德之纯！"盖曰文王之所以为文也，纯亦不已。

【注释】

①《诗》云：此诗引自《诗经·周颂·维天之命》。
②於（wū）：语气词。穆：肃穆。不已：不停止。
③不：通"丕"，大。显：明显。

【译文】

《诗经·周颂·维天之命》说："天道的运行，多么肃穆啊，永远不会停止！"这大概说的是天之所以为天的道理吧。此诗又说："啊！多么显赫光明啊，文王的道德是那样纯正！"这大概说的是文王之所以被称为文王的道理，他的纯正也是没有止息的。

第二十七章

这一章有三个层次。首先盛赞圣人之道。认为它像天一样广博浩瀚，能生养万物，这使人想到《易经》中"天地大德曰生"，圣人之道所以能生养万物，因为其道的核心是仁，有了它，天地万物会在和风细雨中生长。

第二层意思是讲圣人之道，必须由高尚道德的人来承担，礼仪也必须由高尚道德的人来实行。最高的道和最高的德是相连接的，但成就高尚道德谈何容易，必须加强修养。所以君子应该既尊崇道德又追求学问，使二者结合起来。道德学问极力达到广博又要尽力穷尽精微之处，有高尚光明的德行又必须符合中庸的原则，不断温习已有的知识从而获得新知识，敦厚笃实而又崇尚礼仪。做到这样，才能体现至高的圣人之道。朱熹认为，"尊德性而道问学"五句，"大小相资，首尾相应"，最得圣贤精神，要求学者尽心尽意研习。的确这五句也是后儒讨论的重点。

第三层是讲智。人有不同的社会地位，需要做到"居上不骄，为下不倍"，素位而行。世道清明时，政治环境宽松，言论要发挥更大作用，使国家振兴。政治混乱时，无法讲话，自然要沉默，要保全自己。《论语·宪问》中孔子说："邦有道，危言危行；邦无道，危行言逊。"这里和孔子思想交相辉映。这一思想大概启发了孟子，所以他说"穷则独善其身，达则兼善天下"（《孟子·尽心上》）。最后引用《诗经》，说明只有既明事理又有智慧的人，才能在进退出处人生仕途周旋中，既不失其道，又能保护其身。当然做到这一点是非常不容易的，需要智慧，重要的是：审时度势，言默自如，不被富贵名声所羁绊。但智者也脱离不了社会环境，所以宋儒说："君子之持身不可变也，至于言有时而不敢尽，以避祸也。然为国者使士言逊，岂不殆哉？"治理国家，使读书人不敢敞开心扉讲话，国家岂不要危殆吗？

大哉圣人之道！洋洋乎①！发育万物，峻极于天②。优优大哉③！礼仪三百④，威仪三千⑤，待其人而后行。故曰苟不至德⑥，至道不凝焉⑦。故君子尊德性而道问学⑧，致广大而尽精微⑨，极高明而道中庸⑩。温故而知新，敦厚以崇礼⑪。是故居上不骄，为下不倍⑫。国有道其言足以兴，国无道其默足以容⑬。《诗》曰⑭："既明且哲⑮，以保其身。"其此之谓与？

【注释】
①洋洋：盛大，浩瀚无边。
②峻极：高峻到极点。
③优优：充足宽裕。
④礼仪：古代礼节的主要规则，又称经礼。
⑤威仪：古代典礼中的动作规范及待人接物的礼节，又称曲礼。
⑥苟不至德：如果没有极高的德行。苟，如果。
⑦凝：凝聚，成功。
⑧问学：询问，学习。
⑨致：推致。尽：达到。
⑩极：极至，达到最高点。高明：指德行的最高境界。道：遵行。
⑪敦：敦厚。
⑫倍：通"背"，背弃，背叛。
⑬默：沉默。容：容身。这里指保全自己。

⑭《诗》曰：此诗引自《诗经·大雅·烝民》。

⑮哲：智慧。这里指通达事理。

【译文】

伟大啊，圣人的道！浩瀚无边！生养万物，与天一样崇高。充足而宽裕！大的礼仪有三百项，细的仪节有三千条，这些都有待于有德之人来施行。所以说，如果不具备崇高的德行，就不能凝聚极高的道。因此，君子尊崇道德而又追求学问，既达到广博的地位而又穷尽精微之处，既达到高明的境界而又遵循中庸之道。温习已有的知识从而获得新知识，敦实笃厚而又崇尚礼仪。所以身居高位不骄傲，身在低位而不悖逆。国家政治清明时，他的言论足以振兴国家；国家政治黑暗时，他的沉默足以保全自己。《诗经·大雅·烝民》说："既明智又通达事理，可以保全自身。"大概说的就是这个意思吧？

第二十八章

本章承接上一章发挥"为下不倍"的意思。反对自以为是，独断专行，谈的还是素位而行的问题。

有一点值得特别注意的是，这里所引孔子的话否定了那种"生乎今之世反古之道"的人，这与一般认为孔子主张"克己复礼"的看法似乎有些冲突。其实，孔子所要复的礼，恰好是那种"今用之"的"周礼"，而不是"古之道"的"夏礼"和"殷礼"。因为按孔子话说，夏礼已不可考证，而殷礼虽然还在他的先世宋国那里残存着，但毕竟不是"当世之法"（朱熹语），也已是过去的了。所以，从本章所引孔子的两段话来看，的确不能随意给他加上复古帽子。由于大制度的建立，必须要有最高权势地位，还必须有高尚的道德，而孔子有其德而无其位，只能是"从周"而已。

子曰:"愚而好自用①,贱而好自专②,生乎今之世,反古之道③。如此者,灾及其身者也。"非天子,不议礼④,不制度⑤,不考文⑥。今天下车同轨,书同文⑦,行同伦⑧。虽有其位,苟无其德,不敢作礼乐焉;虽有其德,苟无其位,亦不敢作礼乐焉。子曰:"吾说夏礼⑨,杞不足征也⑩;吾学殷礼⑪,有宋存焉⑫;吾学周礼⑬,今用之,吾从周⑭。"

【注释】

①自用:自以为是,刚愎自用的意思。

②自专:独断专行。

③反:同"返",回复的意思。

④议礼:议订礼制。

⑤制度:在这里作动词用,指制订法度。

⑥考文:考订规范文字。

⑦书同文:指字体统一。

⑧行同伦:指伦理道德相同。

⑨夏礼:夏朝的礼制。

⑩杞:国名,传说周武王封夏禹的后代于此,故城在今河南杞县。征:验证。

⑪殷礼:殷朝的礼制。

⑫宋:国名,商汤的后代居此,故城在今河南商丘南。

⑬周礼:周朝的礼制。

⑭以上这段孔子的话散见于《论语·八佾》、《论语·为政》。

【译文】

孔子说:"愚昧却喜欢自以为是,卑贱却喜欢独断专行,生于现在却要返回古代道路上去。这样做,灾祸一定会降临到他的身上。"不是天子就不要议订礼制,不要制订法度,不要考订规范文字。现在天下车子的轮距一致,文字的字体统一,伦理道德相同。虽有相应的地位,如果没有相应的德行,是不敢制作礼乐制度的;虽有相应的德行,如果没有相应的地位,也是不敢制作礼乐制度的。孔子说:"我述说夏朝的礼制,夏的后裔杞国已不足以验证它;我学习殷朝的礼制,殷的后裔宋国还残存着它;我学习周朝的礼制,现在还实行着它,所以我遵从周礼。"

第二十九章

这一章承接"居上不骄"的意思而发挥。"三重"指统一的制度，统一的礼节仪式，统一的书写文字。王者重此，就会使"国不异政，家不殊俗"，便会减少过失。

"上焉者"朱熹认为是指"时王"以前的夏商之礼，虽然很好，但不可考证；"下焉者"指在下位的圣人如孔子，虽然有美德，但不居尊位，无法做到议礼、制度、考文，而能王天下的人所持之道，必须要本诸自身道德，身体力行，取信于民，还要经得起历史考验，不悖于自然规律，使造化也无疑问，即使圣人再起，也改变不了，做到既知自然规律，又要知社会人生，这样言动都可成为天下的道理、法度、准则，远近都是众望所归，而获得天下人的普遍赞誉。

这使人想起《易·乾卦·文言》："夫大人者，与天地合其德，与日月合其明，与四时合其序，与鬼神合其吉凶，先天而天弗违，后天而奉天时。天且弗违，而况于人乎？况于鬼神乎？"二者有相同处，都说明具有高尚品德的王者与天道合一。

王天下有三重焉①,其寡过矣乎!上焉者②,虽善无征,无征不信,不信民弗从。下焉者③,虽善不尊④,不尊不信,不信民弗从。

【注释】

①王(wàng)天下:做天下之王,统治天下。王,作动词用,称王。三重:指上一章所说的三件事:仪礼、制度、考文。
②上焉者:指夏、商时代的礼制。
③下焉者:指在下位的人,如孔子。
④不尊:没有尊位。

【译文】

治理天下能够做好议订礼仪、制订法度、考订文字这三件重大的事,那就很少有过失了吧!夏商的制度虽好,但没有验证,如果没有验证的话,就不能使人信服,不能使人信服,老百姓就不会遵从。像孔子这样身在下位的人,虽然有美德,但没尊贵的地位,没尊贵的地位,也不能使人信服,不能信服,老百姓就不会听从。

故君子之道,本诸身①,征诸庶民②,考诸三王而不缪③,建诸天地而不悖④,质诸鬼神而无疑⑤,百世以俟圣人而不惑⑥。质诸鬼神而无疑,知天也;百世以俟圣人而不惑,知人也。是故君子动而世为天下道⑦,行而世为天下法,言而世为天下则。远之则有望⑧,近之则不厌。

【注释】

①本诸身：本源于自身。
②征：验证。
③三王：指夏、商、周三代君王。缪（miù）：通"谬"，谬误。
④建：立。悖：违背。
⑤质：质询，询问。
⑥俟（sì）：待。
⑦道：同"导"，先导。
⑧望：威望。

【译文】

所以君子治理天下应该以自身的德行为根本，并从老百姓那里得到验证。考查夏、商、周三代先王的制度而没有违背的地方，立于天地之间而不悖逆自然，质证于鬼神而没有疑问，等到百世以后圣人出现也不会产生疑惑。质证于鬼神而没有疑问，这是因为知道天理；等到百世以后圣人出现也不会产生疑惑，这是因为知道人情。因此君子的举动能世世代代为天下的先导，行为能世世代代成为天下的法度，语言能世世代代成为天下的准则。距离君子远的人常有仰望之情，距离君子近的人也没有厌倦之意。

《诗》曰①："在彼无恶，在此无射②。庶几夙夜③，以永终誉④。"君子未有不如此而蚤有誉于天下者也⑤。

【注释】

①《诗》云:此诗引自《诗经·周颂·振鹭》。
②射(yì):《诗经》本作"斁",厌弃的意思。
③庶几(jī):几乎。夙(sù)夜:早晚。
④永:永远。终:通"众"。誉:赞誉。
⑤蚤:即"早"。

【译文】

《诗经·周颂·振鹭》说:"在那里没有人憎恶,在这里没有人厌烦。希望日夜操劳啊,使众人永远赞誉。"君子没有不这样做而能够早早在天下获得名望的。

第三十章

本文有三个层次。首先从人类历史看孔子。尧、舜和文王、武王都是儒家推崇的榜样。尧、舜仁慈孝友,不以天下为己私,贤者当之;文王、武王除暴安民,以德治天下,天下颂之。他们都有高尚的道德,都是孔子学习的对象,孔子不少思想原则是从他们那里继承而来的。"祖述尧、舜,宪章文、武"这两句话,成了道统论的雏形,屡被后儒所称道。其次,从自然界来看孔子。自然界最广大的东西莫如天地日月,孔子与天地比肩,与日月同辉。最后,用"万物并育而不相害,道并行而不相悖"来比喻孔子的博大宽容,用"小德川流,大德敦化"来形容万物的多样性与统一性。万物活活脱脱地生长,天地无声无息地化育,这就如同圣人的道德作用。这里是把孔子描绘成中庸之道的典范,从《中庸》本身的结构来看,这也是从理论到实际的过渡了。

仲尼祖述尧、舜①，宪章文、武②，上律天时，下袭水土③。辟如天地之无不持载，无不覆帱④，辟如四时之错行⑤，如日月之代明⑥。万物并育而不相害，道并行而不相悖。小德川流，大德敦化⑦，此天地之所以为大也！

【注释】

①祖述：效法、遵循前人的行为或学说。
②宪章：遵从，效法。
③袭：与上文的"律"义近，都是符合的意思。
④覆帱（dào）：覆盖。
⑤错行：交错运行，流动不息。
⑥代明：交替光明，循环变化。
⑦敦化：以纯朴化被万物。

【译文】

孔子远宗尧、舜之道，近以文王、武王为典范，上遵循天时，下符合地理。就如同天地那样没有什么不承载，没有什么不覆盖；又好像四季的交错运行，日月的交替光明。万物共同生长而互不妨害，道路同时并行而互不冲突。小的德行如河水一样长流不息，大的德行使万物敦厚纯朴，这就是天地所以伟大的原因啊！

第三十一章

这里讲"至圣"。

首先讲圣人的内涵,有以下五项:"聪明睿智"、"宽裕温柔"、"发强刚毅"、"齐庄中正"、"文理密察",都是说圣人的内在品德。根据前文,圣人是生知安行的,所以"聪明睿智"是讲圣人是生而知之的,即所谓"生知之质"。"宽裕温柔"是仁,"发强刚毅"是义,"齐庄中正"是礼,"文理密察"是智,圣人具备仁义礼智四德。

其次,用源头奔腾流淌,用天浩瀚无垠,塑造圣人的智慧。

最后,极力形容其影响,从种群,到地域,人们都会尊敬他,信任他,亲近他。如朱熹所说"盖极言之","言其德之所及,广大如天也"。

唯天下至圣①，为能聪明睿知②，足以有临也③；宽裕温柔④，足以有容也⑤；发强刚毅⑥，足以有执也⑦；齐庄中正⑧，足以有敬也；文理密察⑨，足以有别也。溥博渊泉⑩，而时出之⑪。溥博如天，渊泉如渊。见而民莫不敬⑫，言而民莫不信，行而民莫不说⑬。是以声名洋溢乎中国，施及蛮貊⑭。舟车所至，人力所通，天之所覆，地之所载，日月所照，霜露所队⑮，凡有血气者，莫不尊亲⑯，故曰配天⑰。

【注释】
①至圣：最高的圣人。
②聪明睿知：耳听敏锐叫聪，目视犀利叫明，思想敏捷叫睿，知识广博叫智。知，同"智"。朱熹认为是讲"生知之质"。
③临：居上而临下。
④宽裕温柔：广大宽舒，温和柔顺。这里是形容仁。
⑤容：包容。
⑥发强刚毅：奋发强劲，刚健坚毅。这里是形容义。
⑦执：决断，固守。
⑧齐庄中正：整齐庄重，公平正直。这里是形容礼。
⑨文理密察：文章条理，周详明辨。这里是形容智。
⑩溥（pǔ）：周遍。
⑪时出：随时发见于外。朱熹说："言五者之德，充积于中，而以时发见于外也。"

⑫见:同"现",出现。

⑬说:同"悦"。

⑭蛮貊(mò):南蛮北貊,古代对边远少数民族的称呼。

⑮队:同"坠"。

⑯尊亲:尊敬亲爱。

⑰配天:与天相匹配。朱熹说:"言其德之所及,广大如天也。"

【译文】

惟有天下最圣明的人才能既聪明又睿智,能居于上位而治理天下;广大宽舒,温和柔顺,足以包容天下;奋发强劲,刚健坚毅,足以决断大事;整齐庄重,公平正直,足以敬业;文章条理,周详明辨,足以分辨是非。圣人道德广博深沉,随时表现于外。广阔的如同天空,深沉的如同潭水。他出现在民众面前,人们没有不敬重的;他说的话,人们没有不相信的;他的行为,人们没有不喜欢的。因此他的名声洋溢中原之地,传播到南蛮北貊等边远地区。凡是车船能到的地方,人力能通的地方,天所覆盖的地方,地所承载的地方,日月所照临的地方,霜露所降落的地方,凡是有血气的人,没有不尊敬他亲爱他,所以说,圣人的美德可以与天相配。

第三十二章

　　此章还是讲"至圣"。至圣必须是至诚的。"大经",指五伦——五种人际关系;"大本",指性之全体,如仁等。这二者都需要高度的诚实,只有圣人才能做到。"大经"理顺了,"大本"立起来了,"大本"的核心——仁,也十分笃实,像渊水一样深静,像浩天一样广博,这样崇高的道德自然会独自挺立,无须依托任何东西。这是只有已达到和天同德的圣人才能了解的道理。全篇极力形容"至圣"和"道"的同一。

唯天下至诚①，为能经纶天下之大经②，立天下之大本③，知天地之化育。夫焉有所倚④？肫肫其仁⑤！渊渊其渊⑥！浩浩其天⑦！苟不固聪明圣知达天德者⑧，其孰能知之？

【注释】

①至诚：最诚。
②经纶：本意为整理丝缕，引申为治理。大经：常道，如五伦。
③大本：根本的德行，如仁义礼智等。
④倚：依傍。
⑤肫肫（zhūn）：诚恳的样子。
⑥渊渊：静深的样子。
⑦浩浩：广大的样子。
⑧固：实在。达天德者：通晓天赋美德的人。

【译文】

惟有天下最诚的人，才能掌握治理天下的大纲，树立天下的根本道德，知晓天地化育万物的道理。除了至诚还有什么可依傍的呢？至诚的人，他的仁德是那样的诚恳！他的思想像潭水一样深沉，他化育万物的胸襟像蓝天一样广阔！假如不是确实具有聪明睿智通达天德的人，又有谁能够知道这个道理呢？

第三十三章

朱熹说:"因前章极致之言,反求其本,复自下学为己谨独之事,推而言之,以驯致乎笃恭而天下平之盛。又赞其妙,至于无声无臭而后已焉。盖举一篇之要而约言之,其反复丁宁示人之意,至深切矣,学者其可不尽心乎!"的确,此篇由前面圣人之道的高远广博回归于君子之道,使人联想前面的"君子之道,辟如行远必自迩,辟如登高必自卑",为学者开出一条入德之路。

首先君子和小人划清界限,君子之道,开始并不辉煌,但在积累中日见光辉。小人则不同,开始很张扬,但华而不实,会渐渐消亡。君子外表平淡、简朴、温和,内则有品位、文采、条理,由于有丰富的内涵,由内向外,由近及远,由微细到彰显,其影响力是无穷的。但君子必须加强自己的修养,任何时,任何地,都无愧于心,都要慎独。

具有高尚道德的君子,不用赏赐,不用刑法暴力,民众自然会努力。道德治国,牢牢守着德行,恭恭敬敬地做事,天下也就太平了。德治如春风化雨,润物无声;高声厉色,斧钺相加,虽不可缺,但却是末流做法。最好的德治如诗中所形容那样,像羽毛落地一样,使人毫无察觉。不过羽毛还有形迹,不如另一首诗说得好,"无声无臭"。声色和气味都不见了,谁也看不见听不到嗅不出,可是谁也离不开它,这种境界,犹如和风细雨,沁人心脾而入人肺腑,使人在潜移默化中受到感化。

这大概就是圣人的境界了。

《诗》曰①:"衣锦尚䌹②。"恶其文之著也③。故君子之道,暗然而日章④;小人之道,的然而日亡⑤。君子之道,淡而不厌,简而文,温而理,知远之近,知风之自,知微之显,可与入德矣⑥。

【注释】

①《诗》曰:此诗引自《诗经·卫风·硕人》。
②衣(yì):穿衣。此处作动词用。锦:指色彩鲜艳的衣服。尚:加。䌹(jiǒng):用麻布制的罩衣。
③恶(wù):嫌恶,厌恶。著:鲜明,耀眼。
④暗然:隐藏不露。日章:日渐彰显。章,同"彰"。
⑤的(dì)然:鲜明、显著的样子。
⑥入德:进入道德之门。

【译文】

《诗经·卫风·硕人》说:"身穿锦绣衣服,外面再穿一件麻布罩衫。"这是厌恶锦衣的花纹过分显著。所以,君子之道表面暗淡而日益彰明;小人之道外表鲜明而日益消亡。君子之道,平淡而让人不厌,简略而有文采,温和而有条理,知道远是由近处开始的,知道风是从何处吹来的,知道隐微可以变得明显,这样,就可以进入有道德的境界了。

《诗》云①:"潜虽伏矣,亦孔之昭②!"故君子内省不疚③,无恶于志④。君子之所不可及者,其唯人之所不见乎?

【注释】

①《诗》云：此诗引自《诗经·小雅·正月》。
②孔：很。昭：明白。
③内省（xǐng）不疚：内心经常反省，没有什么愧疚。
④无恶于志：无愧于心。志，心。

【译文】

《诗经·小雅·正月》说："虽然潜伏在水底，但也被看得清清楚楚。"所以君子自我反省没有内疚，也就无愧于心了。君子的德行之所以高于一般人，大概就是在这些别人看不见的地方吧？

《诗》云①："相在尔室②，尚不愧于屋漏③。"故君子不动而敬，不言而信。

【注释】

①《诗》云：此诗引自《诗经·大雅·抑》。
②相：注视。尔室：你的居室。此指一人独居于室。
③不愧于屋漏：指心地光明，不在暗中做坏事，起坏念头。屋漏，指室内西北角。

【译文】

《诗经·大雅·抑》说："看你独自在室内的时候，是不是能做到无愧于心。"所以，君子在未行动之前就怀有恭敬之心，在没说话之前就先有诚信之心。

《诗》曰①："奏假无言②，时靡有争③。"是故君子不赏而民劝，不怒而民威于铁钺④。

【注释】

①《诗》曰：此诗引自《诗经·商颂·烈祖》。
②奏假无言：在心中默默祈祷。奏假，祈祷。无言，没有说话。
③靡（mí）：没有。
④铁（fū）钺（yuè）：古代执行军法时用的斧子。

【译文】

《诗经·商颂·烈祖》说："祭祀时心中默默祈祷，此时肃穆无言没有争执。"所以，君子不用赏赐而百姓也会互相劝勉，不用发怒而百姓畏惧甚于斧钺的刑罚。

《诗》曰①："不显惟德②，百辟其刑之③。"是故君子笃恭而天下平。

【注释】

①《诗》曰：此诗引自《诗经·周颂·烈文》。
②不显：即大显。不，通"丕"，大。
③百辟（bì）：很多诸侯。刑：通"型"，仿效。

【译文】

《诗经·周颂·烈文》说："大大弘扬天子的德行，诸侯们都会来效法。"所以，君子笃实恭敬就能使天下太平。

《诗》云①："予怀明德②，不大声以色③。"子曰：

"声色之于以化民,末也。"

【注释】
①《诗》云:此诗引自《诗经·大雅·皇矣》。
②怀:归向,趋向。明德:具有美德的人。
③以:与。色:严厉的脸色。

【译文】
《诗经·大雅·皇矣》说:"我怀念文王的美德,他从不厉声厉色。"孔子说:"用厉声厉色去教育老百姓,那是末节下策。"

《诗》曰①:"德輶如毛②。"毛犹有伦③。"上天之载,无声无臭④。"至矣!

【注释】
①《诗》曰:此诗引自《诗经·大雅·烝民》。
②輶(yóu):轻。
③伦:比。
④上天之载,无声无臭(xiù):引自《诗经·大雅·文王》。臭,气味。

【译文】
《诗经·大雅·烝民》说:"德行犹如鸿毛。"犹如鸿毛还是有行迹可比。《诗经·大雅·文王》又说:"上天化生万物,既没有声音也没有气味。"这才是最高的境界啊!

附录　朱熹《中庸章句序》

中庸何为而作也？子思子忧道学之失其传而作也。盖自上古圣神继天立极，而道统之传有自来矣。其见于经，则"允执厥中"者，尧之所以授舜也；"人心惟危，道心惟微，惟精惟一，允执厥中"者，舜之所以授禹也。尧之一言，至矣，尽矣！而舜复益之以三言者，则所以明夫尧之一言，必如是而后可庶几也。

盖尝论之：心之虚灵知觉，一而已矣，而以为有人心、道心之异者，则以其或生于形气之私，或原于性命之正，而所以为知觉者不同，是以或危殆而不安，或微妙而难见耳。然人莫不有是形，故虽上智不能无人心，亦莫不有是性，故虽下愚不能无道心。二者杂于方寸之间，而不知所以治之，则危者愈危，微者愈微，而天理之公卒无以胜夫人欲之私矣。精则察夫二者之间而不杂也，一则守其本心之正而不离也。从事于斯，无少间断，必使道心常为一身之主，而人心每听命焉，则危者安、微者著，而动静云为自无过不及之差矣。

夫尧、舜、禹，天下之大圣也。以天下相传，天下之大事也。以天下之大圣，行天下之大事，而其授受之际，丁宁告戒，不过如此。则天下之理，岂有以加于此哉？自是以来，圣圣相承：若成汤、文、武之为君，皋陶、伊、傅、周、召之为臣，既皆以此而接夫道统之传，若吾夫子，则虽不得其位，而所以继往圣、开来学，其功反有贤于尧舜者。

然当是时，见而知之者，惟颜氏、曾氏之传得其宗。及曾氏之再传，而复得夫子之孙子思，则去圣远而异端起矣。子思惧夫愈久而愈失其真也，于是推本尧舜以来相传之意，质以平日所闻父师之言，更互演绎，作为此书，以诏后之学者。盖其忧之也深，故其言之也切；其虑之也远，故其说之也详。其曰"天命率性"，则道心之谓也；其曰"择善固执"，则精一之谓也；其曰"君子时中"，则执中之谓也。世之相后，千有余年，而其言之不异，如合符节。历选前圣之书，所以提挈纲维、开示蕴奥，未有若是之明且尽者也。

自是而又再传以得孟氏，为能推明是书，以承先圣之统，及其没而遂失其传焉。则吾道之所寄不越乎言语文字之间，而异端之说日新月盛，以至于老佛之徒出，则弥近理而大乱真矣。然而尚幸此书之不泯，故程夫子兄弟者出，得有所考，以续夫千载不传之绪；得有所据，以斥夫二家似是之非。

盖子思之功于是为大，而微程夫子，则亦莫能因其语而得其心也。惜乎！其所以为说者不传，而凡石氏之所辑录，仅出于其门人之所记，是以大义虽明，而微言未析。至其门人所自为说，则虽颇详尽而多所发明，然倍其师说而淫于老佛者，亦有之矣。

熹自蚤岁即尝受读而窃疑之，沉潜反复，盖亦有年，一旦恍然似有以得其要领者，然后乃敢会众说而折其中，既为定著《章句》一篇，以俟后之君子。而一二同志复取石氏书，删其繁乱，名以《辑略》，且记所尝论辩取舍之意，别为《或问》，以附其后。然后此书之旨，枝分节解、脉络贯通、详略相因、巨细毕举，而凡诸说之同异得失，亦得以曲畅旁通，而各极其趣。虽于道统之传，不敢妄议，然初学之士，或有取焉，则亦庶乎行远升高之一助云尔。

淳熙己酉春三月戊申，新安朱熹序

【译文】

《中庸》为什么而作呢？子思忧虑关于"道"的学问失传，所以才作的。大概远自上古，具有神圣的德行和高位之人，承继天命，建立了至极之理，道统便流传下来了。现在还可以从经书中看到的，有"允执厥中"，这是尧传位给舜的时候所说的话；还有"人心惟危，道心惟微，惟精惟一，允执厥中"，这是舜传位给禹的时候所说的话。尧的一句话，就已经把理讲清楚了，完全包容了至极之内容。而舜又加上了三句，是为了更好地说明尧所说的那句话的前后关联，因为只有明白了前后关联才能比较理解"道"的精微处。

我对这些话作一个总说，要知道，人心是空虚灵动能知能觉的，每个人心自然只有一个，那么又有人心、道心的不同是什么原因呢？这是因其生成有别，人心生于个人形体气质，道心是人性命中的正理，但人的知见能力和觉悟有所不同，不能识别人心，则危殆而不安；不能识别道心，则道心微妙难以显现。然而，既然是人，就没有不具有形体的，所以即便是在智力方面堪称"上智"的人，不能没有"人心"，也没有不具道心这种本性的，所以即便是在智力方面虽为"下愚"的人，也不可能没有"道心"。"人心"和"道心"两者，都杂处于人心这块方寸之地，如果人自身不能去治理它，自然"人心"越来越危殆，"道心"的微妙更难以显现。那道心的这至公的天理，最终无法战胜个人的私欲。所以，必须用精察严求于二者之间，使天理不杂一毫私欲，必须用专一护守天理之公这个本心，一刻也不能离开它。长期坚持如此，没有片刻间断，使天理之公的道心，长为一身之主，自私自利的人心就会服从道心，这样就会每每转危为安，道心的微妙之处就会显现。人在动静之间，说话做事，就不会有过头和不及的差错了。

尧、舜、禹都可以说是天下的大圣人了。以天下最高权位相传，这是天下的大事。以天下的大圣人，做传天下最高权位的大事，在相传之际，叮咛告诫，不过如此，则天下的道理，还有比这更重要的吗？从此以后，圣人与圣人相承，其中有像成汤、文王、武王这样的君王，有像皋陶、伊尹、傅说、周公、召公这样的大臣，都是接续了道统的真传。像我们所尊敬的孔老夫子，虽然本人没有前人那样的权位，然而，由于其继承了以往圣人开创的道统，为后来的学者开辟了道路，功德方面甚至还远胜于尧、舜这样的君王。

然而，在那个时候，对于道统能由"见"而能达到"知"的境界的，只有颜氏、曾氏而已。这两人的传续，可说是真正体悟到了道统的宗旨。其后由曾氏再往下传，又传至孔老夫子的孙儿子思。在子思那个时候，学界已与孔子的圣学相去甚远，各种异端邪说已经繁衍起来。子思惧怕时日愈久远则道统的真正学问也会流失得愈多，所以按照尧舜相传的本来之深意，验证平日从父辈和老师之处所得到的见闻，相互参照演绎，写成《中庸》此书，以将道统的精髓诏告于后世的学者。正因为子思的忧思极为深刻，所以其言语也就极为恳切；也正因为其思考极为深远，所以其论说也就极为详备。子思说"天命率性"，就是说关于"道心"的方面；子思说"择善固执"，就是说关于"精一"的方面；子思说"君子时中"，正是说的"执中"啊。子思距前圣，已有一千多年，然而其所说的话仍和前圣没有什么差异，好像符节一样。在所有前圣的书籍之中，像此书这样纲目清晰、思想深刻、说明详尽的却并不多见。

到后来此书又再传至孟子，使此书能进一步得到推崇说明，从而继承了先圣的道统，可惜孟子去世之后，此书却逐渐被湮没而使道统失传。而我们所说的道，总是将其深意寄托在言语文字之间，然而异端之说却不止于此，手法花样翻新，日新月异，以至于老学和佛学的教徒们无处不在，其说看似与道统之理相合，实则是大大搞乱了真正的道理。还算有幸，此书并没有完全泯灭，所以出了程氏兄弟这样的人，对其加以仔细考察研究，接上了断了一千多年的圣学主脉，并以此书论点为据，驳斥老学和佛学两家似是而非的谬论。

从这个方面来看，子思的功绩是巨大的，但假若没有程氏兄弟，还是不能从子思言语中把握他的思想。说起来实在可惜，程氏的学说不能传下来，而石氏所辑录的那些资料，都只不过是出自于程氏的门人之手而已，所以虽然其大义还在，然而深微之处却没有剖析清楚。至于其门人自己的言论，虽然显得比较详尽并还有许多发挥和说明，但背离师说，沾染了老学和佛学的论调，这样的见解，也是有的啊。

我本人早年在父师们的教导下研读此书，心中也一直有着不少疑问，沉思求索、反复玩味，也有多年，一旦恍然大悟，似乎得到了其中的要领之后才敢于将各家之说融汇起来，比较选取适中的观点，编定这篇《章句》，等待今后读者指正。并和几位志同道合的人，把石氏之书，反复选择，删掉繁复错乱的地方，更名为《中庸辑略》。把那些记载论辩取舍之意的言论，另编为《中庸或问》，附在书的后面。这样《中庸》的宗旨，枝分节解、脉络贯通、详略相因、巨细毕举。而关于诸说之同异得失，也得以曲畅旁通，而各极其义趣。虽说对于承续道统，不敢随便议论，但对于初学的人，或有可取的地方，也许会对他们在人生的远行和攀登中有所帮助。

淳熙己酉春三月戊申，新安朱熹序